一本书读懂会计业务

要点·实务·案例

新创企业财务人员进阶项目组 ——————— 编写

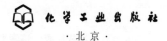
化学工业出版社
·北京·

内容简介

《一本书读懂会计业务：要点·实务·案例》一书，内容包括会计工作概述、会计凭证填制与管理、会计账务管理、会计核算、财产清查和财务报表编制6个章节，对会计业务知识进行了系统的介绍，并辅以案例进行深入解读。

本书特点鲜明，兼具系统性与实用性。将会计要点、实务操作与真实案例紧密结合，既让读者掌握理论知识，又能通过案例理解其在实际工作中的应用。实例丰富多样，涵盖会计业务各个方面，有助于读者举一反三，提升解决实际问题的能力。

本书适合会计初学者、财务专业学生、企业管理者及对会计业务感兴趣的人士阅读。无论读者是想系统学习会计知识，还是希望提升财务管理能力，都能从本书中获益，为职业发展打下坚实基础。

图书在版编目（CIP）数据

一本书读懂会计业务 ： 要点·实务·案例 / 新创企业财务人员进阶项目组编写 . -- 北京 ： 化学工业出版社，2025. 8. --（财务人员进阶之道实战丛书）. -- ISBN 978-7-122-48139-9

Ⅰ. F230

中国国家版本馆 CIP 数据核字第 20252S4G89 号

责任编辑：陈　蕾　　　　　　　　　装帧设计：溢思视觉设计 / 程超
责任校对：杜杏然　　　　　　　　　　　　　　　E-mail: isstudio@126.com

出版发行：化学工业出版社（北京市东城区青年湖南街 13 号　邮政编码 100011）
印　　装：三河市双峰印刷装订有限公司
787mm×1092mm　1/16　印张 17　字数 339 千字　2025 年 8 月北京第 1 版第 1 次印刷

购书咨询：010-64518888　　　　　　　　　　售后服务：010-64518899
网　　址：http://www.cip.com.cn
凡购买本书，如有缺损质量问题，本社销售中心负责调换。

定　　价：88.00 元

前言

在产业转型升级的大背景下，财务领域正经历着前所未有的变革与挑战，这对财务人员提出了更为严苛且多元的要求。财务人员唯有持续学习，不断汲取知识、积累经验，全方位提升自己，才能在激烈的职场竞争中站稳脚跟，实现个人价值与企业发展的双赢。

会计，作为企业经营的"通用语言"、决策的"底层逻辑"，其专业性与复杂性不言而喻。会计工作是一个庞大且细致的体系，涵盖了企业经济活动的多个方面，贯穿于企业经济活动的全过程。财务人员不仅要做好日常的会计核算工作，确保财务数据的准确性和及时性，为企业决策层提供真实可靠的财务信息；还应深入参与企业的经营管理，运用财务工具和方法，对企业的财务状况、经营成果和现金流量进行全面、细致的分析，发现企业存在的问题和潜在的风险，并提出合理的改进措施和建议。

基于此，我们编写了本书，供读者学习参考。不管你目前处在财务晋升路上的哪个阶段，都可以通过阅读和学习本书来不断提升自己。

《一本书读懂会计业务：要点•实务•案例》包括会计工作概述、会计凭证填制与管理、会计账务管理、会计核算、财产清查和财务报表编制6个章节，对会计业务知识进行了系统的介绍，并辅以案例进行深入解读。

由于笔者水平有限，书中难免出现疏漏，敬请读者批评指正。

编 者

目 录

第1章 会计工作概述 ·· 001

1.1 会计工作概述 ·· 002

1.2 会计核算的基本要素 ·· 003

1.3 会计科目 ·· 005

　　相关链接 会计账户与会计科目的联系和区别 ···················· 006

1.4 会计核算的方法 ·· 018

第2章 会计凭证填制与管理 ·· 021

2.1 原始凭证的填制 ·· 022

2.2 记账凭证的填制 ·· 025

　　【实例1】付款凭证（差旅费）填制 ······························ 027

　　【实例2】收款凭证（销售产品）填制 ···························· 029

　　【实例3】付款凭证（采购材料）填制 ···························· 030

　　【实例4】转账凭证（差旅费报销）填制 ·························· 032

　　　相关链接 原始凭证的粘贴 ···································· 033

2.3 会计凭证的管理 ·· 037

第3章 会计账务管理 ·· 045

3.1 会计建账 ·· 046

相关链接　一本会计账的主要构成 ·· 047

相关链接　账户的基本结构和内容 ·· 049

相关链接　建账所需的资料 ··· 050

3.2　记账 ·· 062

【实例1】会计分录（采购材料） ·· 064

【实例2】总账与明细账平行登记 ·· 071

3.3　结账、对账及错账更正 ·· 074

【实例3】某公司3月的银行存款日记账 ······································· 076

【实例4】填写错误的更正 ··· 081

【实例5】记账错误的更正 ··· 081

【实例6】会计科目错误的更正（用红字） ···································· 082

【实例7】会计科目错误的更正（红字登记法） ······························ 083

【实例8】金额错误的更正（红字登记法） ···································· 084

【实例9】金额误记的更正（补充登记法） ···································· 084

第4章　会计核算 ··· 087

4.1　货币资金核算 ··· 088

【实例1】差旅费预借与报销会计分录 ·· 088

【实例2】发现现金短款的会计分录 ··· 090

【实例3】收到转账支票的账务处理 ··· 091

【实例4】银行存款余额调节表的编制 ·· 091

【实例5】外埠存款的账务处理 ··· 093

【实例6】银行汇票的账务处理 ··· 094

【实例7】存出投资款的账务处理 ·· 096

4.2　存货核算 ·· 097

【实例8】存货的计价（先进先出法） ·· 097

【实例9】存货的计价（加权平均法） ·· 098

【实例10】存货的计价（移动平均法）···099

【实例11】存货盘亏的账务处理···101

4.3 应收及预付款项核算··103

【实例12】不带息商业汇票贴现的账务处理···106

【实例13】享10%商业折扣应收账款的账务处理···································108

【实例14】按账款余额比率法提取坏账准备的账务处理·························110

【实例15】按账龄分析法提取坏账准备的账务处理·······························112

【实例16】按销货百分比法提取坏账准备的账务处理···························112

【实例17】以银行存款支付押金的账务处理···115

4.4 固定资产核算··115

【实例18】购入不需要安装的设备的账务处理·····································115

【实例19】投入固定资产的账务处理··116

【实例20】接受捐赠的固定资产的账务处理···116

【实例21】融资租入设备的账务处理··117

【实例22】购入需要安装的设备的会计核算···119

【实例23】自建简易仓库的会计核算··120

【实例24】建造营业大楼（出包）的会计核算······································122

【实例25】出售旧汽车的会计核算···123

【实例26】旧运输设备清理的会计核算··124

【实例27】设备折旧计算（平均年限法）···125

【实例28】设备折旧计算（工作量法）··126

【实例29】设备折旧计算（双倍余额递减法）·····································127

【实例30】设备折旧计算（年数总和法）···127

4.5 流动负债核算··128

【实例31】短期借款（6个月）的会计核算···129

【实例32】购买材料应付款的会计核算··130

【实例33】预收货款的会计核算···131

【实例34】带息银行承兑汇票的会计核算 …………………………………… 133

【实例35】发放工资的会计核算 ……………………………………………… 135

【实例36】发放福利（电风扇）的会计核算 ………………………………… 136

【实例37】经理免费使用小汽车的会计核算 ………………………………… 137

4.6　非流动负债核算 …………………………………………………………… 137

【实例38】3年期借款（到期一次还本付息）的会计核算 ………………… 138

【实例39】3年期借款（分期计息并付息）的会计核算 …………………… 139

【实例40】发行债券（每年付息一次）的会计核算 ………………………… 142

【实例41】发行债券（每半年付息一次）的会计核算 ……………………… 144

4.7　收入核算 …………………………………………………………………… 145

【实例42】销售产品（直接收款交货）的会计核算 ………………………… 146

【实例43】销售产品（托收承付）的会计核算 ……………………………… 147

【实例44】销售产品（分期收款）的会计核算 ……………………………… 148

【实例45】销售产品（有折扣）的会计核算 ………………………………… 149

【实例46】销售产品（质量不合格有折让）的会计核算 …………………… 149

【实例47】销售产品（质量不合格退回）的会计核算（1） ……………… 150

【实例48】销售产品（质量不合格退回）的会计核算（2） ……………… 151

【实例49】设备安装收入的计算 ……………………………………………… 152

【实例50】预收设备安装费的会计核算 ……………………………………… 153

4.8　成本核算 …………………………………………………………………… 155

4.9　无形资产及其他资产核算 ………………………………………………… 162

4.10　所有者权益核算 …………………………………………………………… 165

【实例51】注册资本的会计核算 ……………………………………………… 167

【实例52】资本溢价（新加入投资者）的会计核算 ………………………… 168

【实例53】股票发行及溢价的会计核算 ……………………………………… 168

【实例54】外币资本折算差额的核算 ………………………………………… 169

4.11　利润核算 …………………………………………………………………… 171

【实例55】某企业月末利润计算 ··· 172

【实例56】某企业年底收入类科目结转 ·· 175

【实例57】某企业年底成本费用类科目结转 ································· 175

【实例58】年底利润分配的核算 ··· 177

第5章 财产清查 ·· 179

5.1 财产清查概述 ··· 180

5.2 财产清查的实际操作 ··· 182

5.3 财产清查结果的处理 ··· 184

【实例1】材料盘盈的会计核算 ··· 186

【实例2】机器盘盈的会计核算 ··· 187

【实例3】设备盘亏的会计核算 ··· 189

【实例4】材料盘亏的会计核算 ··· 190

第6章 财务报表编制 ··· 193

6.1 财务报表编制概述 ··· 194

6.2 资产负债表的编制 ··· 197

【实例1】甲公司资产负债表的编制 ·· 203

6.3 利润表的编制 ··· 208

【实例2】甲公司利润表的编制 ··· 211

6.4 现金流量表的编制 ··· 213

6.5 所有者权益变动表的编制 ··· 224

【实例3】甲公司所有者权益变动表的编制 ································ 228

6.6 会计报表附注的编制 ··· 229

【实例4】财务报表附注 ··· 237

6.7 对内财务报表的编制 ··· 249

【实例5】账龄分析表编制示例 ·· 250

第1章

会计工作概述

 学习目标：

1.了解会计工作的对象、会计工作与其他经营环节的关系、会计工作的结果。

2.了解会计六大要素的内容，掌握会计要素间的相互关系——会计恒等式，及会计要素、会计科目和会计账户的关系。

3.了解会计科目的概念、会计科目的分类，掌握会计科目的设置原则及核算要求。

4.了解会计核算的方法——设置账户、复式记账、填制和审核凭证、登记会计账簿、成本计算、财产清查、编制会计报表。

1.1 会计工作概述

1.1.1 会计工作的对象

会计工作的对象是指会计核算和监督的内容。凡是特定主体能够以货币表现的经济活动，都是会计核算和监督的内容。

以货币表现的经济活动，通常又称为价值运动或资金运动。但并不是所有活动都是会计工作的对象，能以货币表现的生产经营活动才是会计的对象。

企业的资金运动通常表现为资金投入、资金运用（资金的循环和周转）和资金退出三个过程。

（1）资金的投入包括企业所有者（投资者）投入的资金和债权人投入的资金两部分，前者属于企业所有者权益，后者属于企业负债。

（2）资金的运用（资金的循环和周转）包括供应、生产和销售过程。

（3）资金的退出包括偿还各项债务、缴纳各项税金、向所有者分配利润、经法定程序减少注册资本等，这部分资金离开本企业，退出本企业的资金循环与周转。

1.1.2 会计工作与其他经营环节的关系

企业会计工作的载体通常包括会计凭证、会计账簿和会计报表。记录经营活动的各类信息载体（如发票、工资单、生产运行记录等）是企业编制会计凭证的依据。企业经营活动构成会计工作过程，会计过程产生会计信息，会计信息被决策者采用，决策者制定的决策和采取的经济行为又引起经济活动，这就形成了会计工作循环过程，具体如图1-1所示。

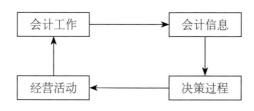

图 1-1 会计工作与其他经营环节的关系

1.1.3 会计工作的结果

企业生产经营活动通过会计确认、会计计量、会计报告和会计分析等环节，形成会计工作结果——财务会计报告和财务分析资料。

财务会计报告是反映企业财务状况和经营成果的书面文件。主要包括会计报表、会计报表附注、财务情况说明书等内容。

1.2 会计核算的基本要素

会计要素是对会计对象的基本分类，是会计核算和监督的具体对象和内容。企业的经济业务十分复杂，要想准确核算，必须将其进行分类处理。

1.2.1 会计六大要素

《企业会计准则——基本准则》（2014年，财政部发布）将会计要素分为资产、负债、所有者权益、收入、费用和利润六类。资产、负债和所有者权益要素侧重于反映企业的财务状况，收入、费用和利润要素侧重于反映企业的经营成果。

1.2.1.1 资产

资产是指企业拥有和控制的能够用货币计量的并能够给企业带来经济利益流入的经济资源。资产按流动性可分为流动资产、非流动资产。

注意：

（1）未来交易或事项可能形成的资产不能确认为资产，如或有资产。

（2）企业对资产负债表中的资产并不都拥有所有权，如融资租入的固定资产。

（3）未来不能给企业带来经济利益的资产不能作为资产加以确认，如已变质的存货。

1.2.1.2 负债

负债是指过去的交易、事项形成的现时义务，履行该义务预期会导致经济利益流出企业。

注意：

（1）未来交易或事项可能产生的负债不能确认为负债，但或有负债在符合条件时应该确认为预计负债。

（2）企业可通过转移资产或提供劳务来清偿负债，也可以借新债还旧债。

负债按流动性可分为非流动负债与流动负债。

1.2.1.3 所有者权益

所有者权益又称净资产，是企业投资者享有的企业总资产减去总负债后的剩余权益，是企业投资人对企业资产应该享有的权益。我国将所有者权益分为资本和留存收益，而资本又包括实收资本和资本公积，留存收益包括盈余公积和未分配利润。

注意：

（1）所有者权益是表明企业产权关系的会计要素。

（2）所有者权益与负债有着本质的差别，负债需要定期偿还，但所有者的投资则不能随便抽走。

1.2.1.4　收入

收入是指企业获得的利益，源自企业的日常经营活动，如销售商品、提供劳务及让渡资产使用权等。

特点：

（1）收入是企业日常活动产生的（不包括投资者投入和偶发事件产生的收入，如政府补贴、外单位捐赠等）。

（2）收入表现为企业资产的增加或负债的减少。

（3）收入将引起企业投资者权益增加。

（4）收入只包括本企业经济利益的流入，不包括为第三方或客户代收的款项。

企业日常经营活动实现的收入，称为主营业务收入，如产品销售收入；企业其他日常活动取得的收入称为其他业务收入，如销售原材料或包装物而取得的收入；不属于上述两种经营活动的其他活动形成的收入，称为营业外收入，如报废固定资产处置净收入、非流动资产处置利得、政府补助、盘盈利得、捐赠利得、非货币性资产交换利得、债务重组利得等。

1.2.1.5　费用

费用是指企业日常生产经营过程中的各种耗费，包括营业成本（可以对象化，分为主营业务成本和其他业务成本）和期间费用（不可以对象化，分为管理费用、财务费用和销售费用）。

特点：

（1）日常活动中产生的（不包括偶发事件产生的损失——营业外支出）。

（2）表现为资产的减少或负债的增加。

（3）将引起投资者权益减少。

注意：

（1）费用和收入之间存在配比关系。

（2）费用中能够对象化的部分构成产品的制造成本，不能够对象化的部分则构成期间费用。所以，一项费用要么是产品成本，要么是期间费用。

1.2.1.6　利润

利润是指企业一定会计期间的经营成果。它是评价企业经营业绩的一项重要指标，也是财务报告使用者进行决策的重要依据。与利润相关的概念有营业利润、利润总额和净利润。企业绩效考核中的利润指标通常指的是利润总额。

1.2.2 会计要素间的关系——会计恒等式

会计要素之间存在着特定的等量关系，构成了不同的会计等式，而会计等式又是会计报表的框架，因此，会计要素也称为会计报表要素。会计要素之间的关系可以用三个等式来表示，即：

$$资产=负债+所有者权益（资金运用=资金来源）$$
$$收入-费用=利润（或亏损）$$
$$资产=负债+所有者权益（原）+（收入-费用）$$

第一个等式可以称为静态等式，反映企业特定时点的财务状况；第二个等式可以称为动态等式，反映企业一定时期的获利能力；第三个等式反映了第一个等式和第二个等式之间的辨证关系。

1.2.3 会计要素、会计科目和会计账户的关系

会计要素是对会计对象按经济性质所进行的基本分类，是构成会计对象的主要因素。

会计科目是按照经济业务的内容和经济管理的要求，对会计要素的具体内容进行分类核算的项目。会计科目按所提供信息的详细程度及统驭关系，又分为总分类科目和明细分类科目。

会计账户是根据会计科目开设的，具有一定的结构，用来系统、连续地记载各项经济业务。

会计科目和会计账户的关系：会计科目是设置会计账户的依据，是会计账户的名称；会计账户是会计科目的具体运用，会计科目反映的经济内容就是会计账户所记载的内容。

1.3 会计科目

1.3.1 会计科目的概念

会计科目是指对会计要素的具体内容进行分类核算的项目，在会计核算中具有重要意义。

首先，会计科目是复式记账的基础。复式记账要求每一笔经济业务同时在两个或两个以上相互联系的账户中进行登记，以反映资金的来龙去脉。

其次，会计科目是编制会计凭证的基础。在我国，会计凭证是确定经济业务对应会计

科目以及分类登记账簿的凭据。

再次，会计科目为成本计算与财产清查提供了条件。会计科目的设置，使各项成本计算成为可能；而账面记录与实际结存的核对，又为财产清查、账实相符提供了必要的条件。

最后，会计科目为编制财务报表提供了方便。财务报表是提供会计信息的主要手段，为了确保会计信息的质量及提供的及时性，财务报表中的许多项目与会计科目是一致的，并根据会计科目的本期发生额或余额填列。

 相关链接

会计账户与会计科目的联系和区别

1. 联系

会计科目和会计账户所反映的会计对象的具体内容是相同的，两者口径一致、性质相同，都是对会计要素具体内容的分类。

会计科目是会计账户的名称，也是设置会计账户的依据；而会计账户则是根据会计科目设置的，是会计科目的具体运用。因此，会计科目的性质决定了会计账户的性质，会计账户的分类和会计科目的分类是一样的：可分为资产类账户、负债类账户、所有者权益类账户、成本类账户、损益类账户等。没有会计科目，会计账户便失去了设置的依据；没有会计账户，会计科目就无法发挥作用。

2. 区别

会计科目仅仅是会计账户的名称，不存在结构；而会计账户则具有一定的格式和结构。会计科目仅反映经济活动的内容，而会计账户不仅反映经济活动的内容，还系统地反映和控制其增减变化及结余情况。会计科目的作用主要是开设会计账户，用于填制会计凭证；而会计账户的作用主要是提供某一具体会计对象的会计资料，用于编制账务报表。

在实际工作中，会计账户和会计科目这两个概念并没有严格区别，往往是互相通用的。

1.3.2 会计科目的分类

为了进一步研究会计科目的设置和运用，需要了解会计科目的分类。

1.3.2.1 按提供信息的详细程度及统驭关系分类

在设置会计科目的时候，要兼顾企业对外报告和内部经营管理的需要，并根据所提供信息的详细程度及统驭关系，分设总分类科目和明细分类科目。

（1）总分类科目

总分类科目又称一级科目或总账科目，是对会计要素的具体内容进行总括分类、提供总括信息的会计科目，如应收账款、应付账款等。总分类科目概括反映各类经济业务，是进行总分类核算的依据。

（2）明细分类科目

明细分类科目又称明细科目，是对总分类科目进一步分类、提供更详细和更具体会计信息的科目。例如，应收账款科目按债务人名称或姓名设置明细科目，反映应收账款的具体对象。

总分类科目概括地反映会计对象的内容，明细分类科目详细地反映会计对象的具体内容。总分类科目对明细分类科目具有统驭和控制作用，而明细分类科目则是对所属总分类科目的补充和说明。两者之间的关系示例如表 1-1 所示。

表 1-1 总分类科目与明细分类科目之间的关系示例

总分类科目（一级科目）	明细分类科目	
	二级明细科目	三级明细科目
生产成本	基本生产成本	× × 产品
		× × 产品
	辅助生产成本	× × 产品
		× × 劳务

首先，并不是所有的总分类科目都有二级明细科目和三级明细科目；

其次，明细科目一般分到三级，并不是越多越好；

最后，二级科目和三级科目等统称为明细科目。

1.3.2.2 按归属的会计要素分类

会计要素的分类如图 1-2 所示。

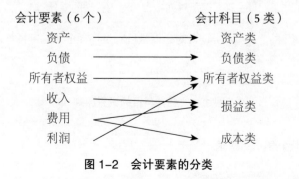

图 1-2 会计要素的分类

企业的经济活动是通过资产、负债、所有者权益、收入、费用、利润等会计要素的增减变化体现出来的，各个会计要素既有特定的经济内容，又是互相联系的。会计科目按所归属的会计要素，可以分为五类，如图1-3所示。

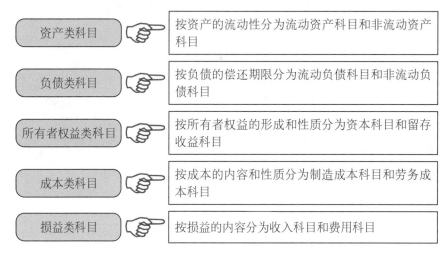

图1-3　会计科目按所归属的会计要素分类

1.3.3　会计科目的设置原则

为了规范财务会计报告，增强会计信息的可比性，总分类科目由国家的会计制度统一规定。明细分类科目除由国家制度统一规定外，各企业还可以根据实际需要自行设置。

1.3.3.1　会计科目的设置原则

会计科目的设置原则如图1-4所示。

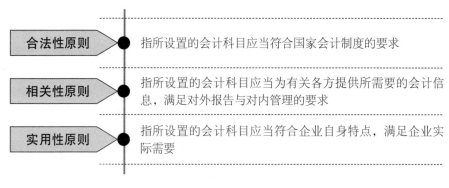

图1-4　会计科目的设置原则

1.3.3.2　会计科目的设置要求

会计科目的设置要求如图1-5所示。

要求一 ▶ **对于重要的经济业务**

可以按照重要性原则将会计科目细分成更为具体的科目

要求二 ▶ **对于不重要或者不经常发生的经济业务**

可以对某些会计科目进行适当的合并

要求三 ▶ **对于会计科目的名称**

在不违背会计科目设置原则的基础上，企业可以结合自身的实际情况，确定适合本企业的会计科目

要求四 ▶ **可自行增设、分拆、合并会计科目**

企业在不违反会计确认、计量和报告规定的前提下，可以根据本单位的实际情况自行增设、分拆、合并会计科目。对于不存在的交易或者事项，可不设置相关会计科目

图 1-5　会计科目的设置要求

1.3.4　会计科目的核算说明

1.3.4.1　资产类会计科目

资产类会计科目的核算说明见表 1-2。

表 1-2　资产类会计科目的核算说明

序号	科目名称	核算说明
1	库存现金	（1）核算企业的库存现金。企业内部有周转备用金的，可以单独设置"备用金"科目 （2）企业应当设置"库存现金日记账"，由出纳人员根据收付款凭证，按照业务发生顺序逐笔登记。每日终了，还应当计算当日的现金收入合计额、现金支出合计额和结余额，并将结余额与实际库存额进行核对，做到账实相符 （3）有外币现金的企业，还应当按照人民币和外币分别进行明细核算
2	银行存款	（1）核算企业存入银行或其他金融机构的各种款项 （2）企业应当按照开户银行、其他金融机构、存款种类等设置"银行存款日记账"，由出纳人员根据收付款凭证，按照业务的发生顺序逐笔登记，每日终了，还应结出余额 （3）应定期将"银行存款日记账"与"银行对账单"进行核对，至少每月核对一次。银行存款账面余额与银行对账单余额之间如有差额，应编制"银行存款余额调节表"调节相符 （4）有外币银行存款的企业，还应当按照人民币和外币分别进行明细核算

序号	科目名称	核算说明
3	其他货币资金	（1）核算企业的银行汇票存款、银行本票存款、信用卡存款、信用证保证金存款、外埠存款、备用金等其他货币资金 （2）应根据银行汇票或本票、信用卡发放银行、信用证收款单位、外埠存款开户银行，分别按照"银行汇票""银行本票""信用卡""信用证保证金""外埠存款"等进行明细核算
4	短期投资	（1）核算企业购入的能随时变现并且持有时间不超过1年（含1年，下同）的投资 （2）应按照股票、债券、基金等短期投资的种类进行明细核算
5	应收票据	（1）核算企业因销售商品（产成品或材料，下同）、提供劳务等日常生产经营活动而收到的商业汇票（银行承兑汇票和商业承兑汇票） （2）应按照开出、承兑商业汇票的单位进行明细核算 （3）企业应当设置"应收票据备查簿"，逐笔登记商业汇票的种类、号码、出票日、票面金额、交易合同号、付款人、承兑人、背书人、到期日、背书转让日、贴现日、贴现率、贴现净额以及收款日期和收回金额、退票情况等资料。商业汇票到期结清票款或退票后，在备查簿中应予注销
6	应收账款	（1）核算企业因销售商品、提供劳务等日常生产经营活动应收取的款项 （2）应按照对方单位（或个人）进行明细核算
7	预付账款	（1）核算企业按照合同规定预付的款项，包括预付的购货款、租金、工程款等。预付款项不多的企业，也可以不设置本科目，而是将预付款项直接记入"应付账款"科目的借方。企业为在建工程预付的工程价款，也通过本科目核算 （2）应按照对方单位（或个人）进行明细核算
8	应收股利	（1）核算企业应收取的现金股利或利润 （2）应按照被投资单位进行明细核算
9	应收利息	（1）核算企业债券投资应收取的利息 （2）购入的一次还本付息的债券投资，持有期间的利息收入在"长期债券投资"科目核算，不在本科目核算 （3）应按照被投资单位进行明细核算
10	其他应收款	（1）核算企业除应收票据、应收账款、预付账款、应收股利、应收利息等以外的其他各种应收及暂付款项，包括应收的赔款、应向职工收取的垫付款项等。企业出口产品或商品按照税法规定应予以退回的增值税款，也通过本科目核算 （2）应按照对方单位（或个人）进行明细核算
11	材料采购	（1）核算计划成本法下，企业购入材料的成本 （2）采用实际成本法进行材料核算的，材料的采购成本在"在途物资"科目核算 （3）委托外单位加工材料、商品的，加工成本在"委托加工物资"科目核算 （4）应按照供应单位和材料品种进行明细核算

序号	科目名称	核算说明
12	在途物资	（1）核算实际成本法下，企业尚未收到或尚未验收入库的各种物资的实际采购成本 （2）企业（批发业、零售业）在购买商品过程中发生的费用（如运输费、装卸费、包装费、保险费、运输途中的合理损耗和入库前的挑选整理费等），在"销售费用"科目核算，不在本科目核算 （3）应按照供应单位和物资品种进行明细核算
13	原材料	（1）核算企业库存的各种材料［包括原料及主要材料、辅助材料、外购半成品（外购件）、修理用备件（备品备件）、包装材料、燃料等］的实际成本或计划成本 （2）购入的工程用材料，在"工程物资"科目核算，不在本科目核算 （3）应按照材料的保管地点（仓库）以及材料的类别、品种和规格等进行明细核算
14	材料成本差异	（1）核算计划成本法下，企业材料计划成本与实际成本的差额 （2）企业也可以在"原材料""周转材料"等科目设置"成本差异"明细科目 （3）可以区分"原材料""周转材料"等，按照类别或品种进行明细核算
15	库存商品	（1）核算企业库存的各种商品的实际成本或售价，包括库存产成品、外购商品、存放在门市部准备出售的商品、发出展览的商品以及寄存在外的商品等 （2）接受来料加工制造的代制品和为外单位加工修理的代修品，在制造和修理完成并验收入库后，视同企业的产成品，也通过本科目核算 （3）降价出售的不合格品，也在本科目核算，但应与合格产品分开记账 （4）已办完销售手续，但购买单位在月末未提取的库存产成品，应作为代管产品处理，单独设置代管产品备查簿，不在本科目核算 （5）农、林、牧、渔等企业可将本科目改为"农产品"科目 （6）企业（批发业、零售业）在购买商品过程中发生的费用（如运输费、装卸费、包装费、保险费、运输途中的合理损耗和入库前的挑选整理费等），在"销售费用"科目核算，不在本科目核算 （7）应按照库存商品的种类、品种和规格等进行明细核算
16	商品进销差价	（1）核算采用售价进行日常核算的企业商品售价与进价之间的差额 （2）应按照库存商品的种类、品种和规格等进行明细核算
17	委托加工物资	（1）核算企业委托外单位加工的各种材料、商品等物资的实际成本 （2）应按照加工合同、受托加工单位以及加工物资的品种等进行明细核算

序号	科目名称	核算说明
18	周转材料	（1）核算企业库存的周转材料的实际成本或计划成本，包括包装物、低值易耗品，以及企业（建筑业）的钢模板、木模板、脚手架等 （2）各种包装材料，如纸、绳、铁丝、铁皮等，应在"原材料"科目核算；用于储存和保管产品、材料而不对外出售的包装物，应按照价值和使用年限，在"固定资产"科目或本科目核算 （3）对于包装物、低值易耗品，企业也可以单独设置"包装物""低值易耗品"科目 （4）包装物数量不多的企业，可以不设置本科目，而将包装物并入"原材料"科目核算 （5）应根据周转材料的种类，按照"在库""在用"和"摊销"等进行明细核算
19	消耗性生物资产	（1）核算企业（农、林、牧、渔业）持有的消耗性生物资产的实际成本 （2）应按照消耗性生物资产的种类、群别等进行明细核算
20	长期债券投资	（1）核算企业准备长期（在1年以上，下同）持有的债券投资 （2）应根据债券种类和被投资单位，按照"面值""溢折价""应计利息"等进行明细核算
21	长期股权投资	（1）核算企业准备长期持有的权益性投资 （2）应按照被投资单位进行明细核算
22	固定资产	（1）核算企业固定资产的原价（成本） （2）企业应当根据《企业会计准则》规定的固定资产标准，并结合本企业的具体情况，制定固定资产目录，作为核算依据 （3）企业购置计算机硬件所附带的、未单独计价的软件，也通过本科目核算 （4）企业临时租入的固定资产和以经营租赁方式租入的固定资产，应另设备查簿进行登记，不在本科目核算 （5）应按照固定资产类别和项目进行明细核算 （6）企业应根据实际情况设置"固定资产登记簿"和"固定资产卡片"
23	累计折旧	（1）核算企业固定资产的累计折旧 （2）可以进行总分类核算，也可以进行明细核算 需要查明某项固定资产已计提的折旧，这可以根据"固定资产卡片"上所记载的固定资产原价、折旧率和实际使用年数等资料进行计算
24	在建工程	（1）核算企业购入的需要安装的固定资产以及固定资产新建、改扩建等所发生的成本 （2）企业购入的不需要安装的固定资产，在"固定资产"科目核算，不在本科目核算 （3）企业已提足折旧的固定资产的改建支出和经营租入的固定资产的改建支出，在"长期待摊费用"科目核算，不在本科目核算 （4）应按照在建工程项目进行明细核算

续表

序号	科目名称	核算说明
25	工程物资	（1）核算企业为在建工程准备的各项物资的成本，包括工程用材料、尚未安装的设备以及为生产准备的工器具等 （2）应按照"专用材料""专用设备""工器具"等进行明细核算
26	固定资产清理	（1）核算企业因出售、报废、毁损、对外投资等处置固定资产所转出的固定资产账面价值以及在清理过程中发生的费用等 （2）应按照被清理的固定资产项目进行明细核算
27	生产性生物资产	（1）核算企业（农、林、牧、渔业）持有的生产性生物资产的原价（成本） （2）应按照"未成熟生产性生物资产"和"成熟生产性生物资产"，根据生物资产的种类、群别等进行明细核算
28	生产性生物资产累计折旧	（1）核算企业（农、林、牧、渔业）的成熟生产性生物资产的累计折旧 （2）应按照生产性生物资产的种类、群别等进行明细核算
29	无形资产	（1）核算企业持有的无形资产的成本 （2）应按照无形资产项目进行明细核算
30	累计摊销	（1）核算企业对无形资产计提的累计摊销 （2）应按照无形资产项目进行明细核算
31	长期待摊费用	（1）核算企业已提足折旧的固定资产的改建支出、经营租入固定资产的改建支出、固定资产的大修理支出和其他长期待摊费用等 （2）应按照支出项目进行明细核算
32	待处理财产损益	（1）核算企业在财产清查过程中查明的盘盈、盘亏和毁损财产的价值 （2）所采购物资在运输途中因自然灾害发生的损失或尚待查明的损耗，也通过本科目核算 （3）应按照待处理流动资产损益和待处理非流动资产损益进行明细核算

1.3.4.2 负债类会计科目

负债类会计科目的核算说明见表1-3。

表1-3 负债类会计科目的核算说明

序号	科目名称	核算说明
1	短期借款	（1）核算企业向银行或其他金融机构等借入的期限在1年内的各种借款 （2）应按照借款种类、贷款人和币种等进行明细核算
2	应付票据	（1）核算企业因购买材料、商品和接受劳务等日常生产经营活动开出、承兑的商业汇票（银行承兑汇票和商业承兑汇票） （2）应按照债权人进行明细核算 （3）企业应当设置"应付票据备查簿"，详细登记商业汇票的种类、号码、出票日期、到期日、票面金额、交易合同号、收款人姓名或单位名称以及付款日期和金额等资料，商业汇票到期结清票款后，在备查簿中应予以注销

序号	科目名称	核算说明
3	应付账款	（1）核算企业因购买材料、商品和接受劳务等日常生产经营活动应支付的款项 （2）应按照对方单位（或个人）进行明细核算
4	预收账款	（1）核算企业按照合同规定预收的款项，包括预收的购货款、工程款等 （2）预收账款不多的企业，也可以不设置本科目，而是将预收的款项直接记入"应收账款"科目的贷方 （3）应按照对方单位（或个人）进行明细核算
5	应付职工薪酬	（1）核算企业根据有关规定应付给职工的各项薪酬 （2）企业（外商投资）按照规定从净利润中提取的职工奖励及福利基金，也通过本科目核算 （3）应按照"职工工资""奖金、津贴和补贴""职工福利费""社会保险费""住房公积金""工会经费""职工教育经费""非货币性福利""辞退福利"等进行明细核算
6	应交税费	（1）核算企业按照税法等规定应缴纳的各种税费，包括增值税、消费税、城市维护建设税、企业所得税、资源税、土地增值税、城镇土地使用税、房产税、车船税和教育费附加、矿产资源补偿费、排污费等 （2）企业代扣代缴的个人所得税等，也通过本科目核算 （3）应按照应交的税费项目进行明细核算 （4）应交增值税还应当按照"进项税额""销项税额""出口退税""进项税额转出""已交税金"等设置专栏 （5）小规模纳税人只需设置"应交增值税"明细科目，不需要在"应交增值税"明细科目中设置上述专栏
7	应付利息	（1）核算企业按照合同约定应支付的利息费用 （2）应按照贷款人进行明细核算
8	应付利润	（1）核算企业向投资者分配的利润 （2）应按照投资者进行明细核算
9	其他应付款	（1）核算企业除应付账款、预收账款、应付职工薪酬、应交税费、应付利息、应付利润等以外的其他各项应付、暂收款项，如租入固定资产和包装物应付的租金、存入的保证金等 （2）应按照其他应付款的项目和对方单位（或个人）进行明细核算
10	递延收益	（1）核算企业已经收到的应在以后期间记入损益的政府补助 （2）应按照相关项目进行明细核算
11	长期借款	（1）核算企业向银行或其他金融机构借入的期限在1年以上的各项借款的本金 （2）应按照借款种类、贷款人和币种等进行明细核算
12	长期应付款	（1）核算企业除长期借款以外的其他各种长期应付款项，包括应付融资租入固定资产的租赁费、以分期付款方式购入固定资产所发生的应付款项等 （2）应按照长期应付款的种类和债权人进行明细核算

1.3.4.3　所有者权益类会计科目

所有者权益类会计科目的核算说明见表1-4。

表1-4　所有者权益类会计科目的核算说明

序号	科目名称	核算说明
1	实收资本	（1）核算企业收到的投资者按照合同约定或相关规定投入的、构成企业注册资本的那部分资金 （2）股份有限公司应当将本科目改为"股本"科目 （3）企业收到的投资者出资超过其在注册资本中所占份额的那部分资金，应作为资本溢价，在"资本公积"科目核算，不在本科目核算 （4）应按照投资者进行明细核算 （5）企业（中外合作经营）根据合同规定在合作期间归还投资者的投资，应在本科目设置"已归还投资"明细科目进行核算
2	资本公积	核算企业收到的投资者出资超出其在注册资本中所占份额的那部分资金
3	盈余公积	（1）核算企业（公司制）按照《中华人民共和国公司法》规定在税后利润中提取的法定盈余公积和任意盈余公积 （2）企业（外商投资）按照法律规定在税后利润中提取的储备基金和企业发展基金也在本科目核算 （3）应当按照"法定盈余公积""任意盈余公积"进行明细核算 （4）企业（外商投资）还应当设置"储备基金""企业发展基金"等科目进行明细核算 （5）企业（中外合作经营）根据合同规定在合作期间归还投资者的投资，应在本科目设置"利润归还投资"明细科目进行核算
4	本年利润	核算企业当期实现的净利润（或发生的净亏损）
5	利润分配	（1）核算企业利润的分配（或亏损的弥补）和历年利润分配（或弥补亏损）后的余额 （2）应按照"应付利润""未分配利润"等进行明细核算

1.3.4.4　成本类会计科目

成本类会计科目的核算说明见表1-5。

表1-5　成本类会计科目的核算说明

序号	科目名称	核算说明
1	生产成本	（1）核算企业进行工业性生产所发生的各项生产成本，包括生产各类产品（产成品、自制半成品等）、自制材料、自制工具、自制设备等发生的各项成本 （2）企业对外提供劳务发生的成本，可设置"劳务成本"科目进行核算 （3）可按照基本生产成本和辅助生产成本进行明细核算

序号	科目名称	核算说明
2	制造费用	（1）核算企业生产车间（部门）为生产产品和提供劳务而发生的各项间接费用 （2）企业为需要1年以上制造期才能达到预定可销售状态的产品所发生的借款费用，也在本科目核算 （3）企业行政管理部门为组织和管理生产经营活动而发生的管理费用，在"管理费用"科目核算，不在本科目核算 （4）应按照不同的生产车间、部门和费用项目进行明细核算
3	研发支出	（1）核算企业在研究与开发无形资产过程中所发生的各项支出 （2）应按照研究开发项目，根据"费用化支出""资本化支出"进行明细核算
4	工程施工	（1）核算企业（建筑业）实际发生的各项工程成本 （2）应按照建造合同项目，根据"合同成本"和"间接费用"进行明细核算
5	机械作业	（1）核算企业（建筑业）及内部独立核算的施工单位、机械站和运输队使用自有施工机械和运输设备进行机械作业（含机械化施工和运输作业等）所发生的各项费用 （2）企业及内部独立核算的施工单位，从外单位或本企业其他内部独立核算的机械站租入施工机械发生的租赁费，在"工程施工"科目核算，不在本科目核算 （3）应按照施工机械或运输设备的种类进行明细核算 （4）企业内部独立核算的机械施工、运输单位使用自有施工机械或运输设备进行机械作业所发生的各项费用，应按照成本核算对象和成本项目进行归集 （5）成本项目一般分为职工薪酬、燃料及动力费、折旧及修理费、其他直接费用、间接费用（为组织和管理机械作业所发生的费用）

1.3.4.5 损益类会计科目

损益类会计科目的核算说明见表1-6。

表1-6 损益类会计科目的核算说明

序号	科目名称	核算说明
1	主营业务收入	（1）核算企业销售商品或提供劳务等主营业务的收入 （2）应按照主营业务的种类进行明细核算
2	其他业务收入	（1）核算企业主营业务活动以外的其他日常生产经营活动实现的收入，包括出租固定资产、出租无形资产、销售材料等实现的收入 （2）应按照其他业务收入的种类进行明细核算
3	投资收益	（1）核算企业确认的投资收益或投资损失 （2）应按照投资项目进行明细核算
4	营业外收入	（1）核算企业实现的各项营业外收入，包括非流动资产处置净收益、政府补助、捐赠收益、盘盈收益、汇兑收益、出租包装物和商品的租金收入、确实无法偿付的应付款项、进行完坏账损失处理后又收回的应收款项、违约金收益等

续表

序号	科目名称	核算说明
4	营业外收入	（2）企业收到出口产品或商品按照规定退回的增值税款，在"其他应收款"科目核算，不在本科目核算 （3）应按照营业外收入项目进行明细核算
5	主营业务成本	（1）核算企业确认销售商品或提供劳务等主营业务收入时应结转的成本 （2）应按照主营业务的种类进行明细核算
6	其他业务成本	（1）核算企业主营业务活动以外的其他日常生产经营活动所发生的支出，包括销售材料的成本、出租固定资产的折旧费、出租无形资产的摊销额等 （2）应按照其他业务成本的种类进行明细核算
7	营业税金及附加	（1）核算企业开展日常生产经营活动应缴纳的消费税、营业税、城市维护建设税、资源税、土地增值税、城镇土地使用税、房产税、车船税、印花税和教育费附加、矿产资源补偿费、排污费等相关税费 （2）与最终确认营业外收入或营业外支出相关的税费，在"固定资产清理""无形资产"等科目核算，不在本科目核算 （3）应按照税费种类进行明细核算
8	销售费用	（1）核算企业在销售商品或提供劳务过程中发生的各项费用，包括销售人员的薪酬、商品维修费、运输费、装卸费、包装费、保险费、广告费和业务宣传费、展览费等 （2）企业（批发业、零售业）在购买商品过程中发生的费用（包括运输费、装卸费、包装费、保险费、运输途中的合理损耗和入库前的挑选整理费等），也在本科目中核算 （3）应按照费用项目进行明细核算
9	管理费用	（1）核算企业为组织和管理生产经营而发生的其他费用，包括企业在筹建期间发生的开办费、行政管理部门发生的费用（如固定资产折旧费、修理费、办公费、水电费、差旅费、管理人员的薪酬等）、业务招待费、研究费用、技术转让费、长期待摊费用摊销、财产保险费、聘请中介机构费、咨询费（含顾问费）、诉讼费等 （2）企业（批发业、零售业）管理费用不多的，可不设置本科目，相关内容在"销售费用"科目核算 （3）应按照费用项目进行明细核算
10	财务费用	（1）核算企业为筹集生产经营所需资金而发生的筹资费用，包括利息费用（减去利息收入）、汇兑损失、相关手续费、企业给予的现金折扣（减去享受的现金折扣）等 （2）企业为购建固定资产、无形资产和需要1年以上制造期才能达到预定可销售状态的存货而发生的借款费用，在"在建工程""研发支出""制造费用"等科目核算，不在本科目核算 （3）企业发生的汇兑收益，在"营业外收入"科目核算，不在本科目核算 （4）应按照费用项目进行明细核算
11	营业外支出	（1）核算企业发生的各项营业外支出，包括存货盘亏、毁损、报废损失，非流动资产处置净损失，坏账损失，无法收回的长期债券投资损失，无法收回的长期股权投资损失，自然灾害等不可抗力造成的损失，税收滞纳金，罚金，罚款，被没收财物的损失，捐赠支出，赞助支出等 （2）应按照支出项目进行明细核算

序号	科目名称	核算说明
12	所得税费用	（1）核算企业根据《中华人民共和国企业所得税法》确定的应从当期利润总额中扣除的所得税费用 （2）企业根据《中华人民共和国企业所得税法》规定补缴的所得税，也通过本科目核算 （3）企业按照规定实行企业所得税先征后返的，实际收到返还的企业所得税，在"营业外收入"科目核算，不在本科目核算

1.4 会计核算的方法

企业会计核算的主要方法如下。

1.4.1 设置账户

设置账户是对会计要素的具体内容进行分类核算和监督的一种专门方法。由于会计要素的具体内容复杂多样，要想对其进行系统的核算和定期监督，就必须对经济业务进行科学的分类，以便取得多种不同性质且满足经营管理所需的信息和指标。

1.4.2 复式记账

复式记账是指对所发生的每项经济业务，以相等的金额同时在两个或两个以上相互联系的账户中进行登记的一种记账方法。采用复式记账方法，可以全面反映每一笔经济业务的来龙去脉，确保账簿记录的正确性和完整性。

1.4.3 填制和审核凭证

会计凭证是记录经济业务、明确经济责任、提供记账依据的书面证明。正确填制和审核会计凭证，是核算和监督经济活动的基础，是做好会计工作的前提。

1.4.4 登记会计账簿

登记会计账簿简称记账，是以审核无误的会计凭证为依据在账簿中分类、连续、完整地记录各项经济业务，以便为经营管理提供完整、系统的财务会计核算资料。账簿记录是重要的会计资料，是企业进行会计分析、会计检查的重要依据。

1.4.5 成本计算

成本计算是按照某一对象归集和分配生产经营过程中发生的各种费用，以便确定该对象总成本和单位成本的一种专门方法。产品成本是综合反映企业生产经营活动的一项重要指标。正确地进行成本计算，可以评估生产经营过程的费用支出水平，同时也是确定企业盈亏和制定产品价格策略的基础，为企业经营决策提供了重要的数据支持。

1.4.6　财产清查

财产清查是指通过盘点实物、核对账目等方式查明各项财产物资实有数额的一种专门方法。通过财产清查，可以提高会计记录的准确性，保证账实相符。同时，还可以了解各项财产物资的保管和使用情况，以及各种结算款项的执行情况，以便对积压或损毁的物资和逾期未收到的款项，及时采取措施进行清理，并加强对财产物资的管理。

1.4.7　编制会计报表

编制会计报表是以特定的表格形式定期并总括地反映企业、行政、事业等单位经营成果和财务状况的一种专门方法。会计报表编制主要以账簿记录为依据，经过一定形式的加工整理而产生一套完整的核算指标，用来考核、分析财务计划和预算的执行情况，并为编制下期财务预算提供依据。

📝 学习笔记

请对本章的学习做一个小结，将你认为的重点事项和不懂事项分别列出来，以便于自己进一步学习与提升。

本章重点事项
1.
2.
3.
4.
5.

本章不懂事项
1.
2.
3.
4.
5.

个人心得
1.
2.
3.
4.
5.

第 2 章

会计凭证填制与管理

 学习目标：

1.了解原始凭证的内容，掌握原始凭证填写和审核的要求、方法、细节。

2.了解记账凭证的分类、记账凭证的基本要素，掌握记账凭证填制、审核及其附件处理的要求、方法。

3.了解会计凭证传递、整理与装订、立卷、归档、保管的要求，掌握这一系列工作的操作方法。

2.1 原始凭证的填制

2.1.1 原始凭证的内容

原始凭证按来源可分为外来原始凭证和自制原始凭证，按填制手续和内容可分为一次凭证、累计凭证和汇兑凭证，如图 2-1 所示。

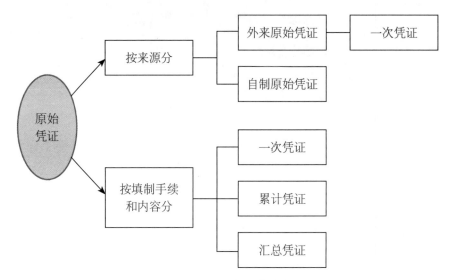

图 2-1 原始凭证的分类

原始凭证的基本内容包括：

（1）原始凭证的名称。

（2）原始凭证的日期。

（3）凭证编号。

（4）接受原始凭证的企业名称。

（5）经济业务内容（含数量、单价、金额等）。

（6）企业签章。

（7）有关人员签章。

2.1.2 原始凭证的填写

原始凭证是会计记账的重要依据，填写必须及时、准确、清晰、完整，具体的填写要点如表 2-1 所示。

表 2-1 原始凭证的填写要点

序号	填写事项	要点提示
1	凭证内容	（1）凭证上记载的经济业务必须真实可靠，与实际情况完全相符 （2）内容逐项填写完整，不能遗漏
2	文字书写	凭证上的文字用正楷字或行书书写，字迹要工整、清晰，易于辨认，不得使用未经国务院颁布的简化字
3	数字填写	（1）阿拉伯数字应逐个写清楚，不得连笔写 （2）金额前要写明人民币符号，即"￥" （3）大写金额应用正楷或行书书写，不能用草书，要易于辨认，不得涂改 （4）大写金额如无"分"位数字，要在元或角之后写上"整"或"正"字；如有"分"位数字，"分"位数字之后则不用写"整"或"正"字。例如，可以写"人民币贰拾陆元整""人民币贰拾陆元捌角整"，但是不能写"人民币贰拾陆元捌角伍分整" （5）大写金额之前没有印上"人民币"字样的，应填上"人民币"三个字
4	出票日期的书写	1月和2月前应加"零"：零壹月、零贰月；11月和12月前应加"壹"：壹拾壹月、壹拾贰月；10月前应加"零"和"壹"：壹零壹拾月。日期中的 1～9 前应加"零"，如5日应写成"零伍日"；11～19 日前应加"壹"，如11日应写成"壹拾壹日"；10日、20日和30日前应加"零"：零壹拾日、零贰拾日、零叁拾日，如2025年2月10日应写成"贰零贰伍年零贰月零壹拾日"
5	凭证编号	（1）各种凭证必须连续编号 （2）如果凭证已经印好编号，在写错作废时要加盖"作废"戳记，连同存根一起保存，不得随意撕毁
6	错误修改	凭证填写存在错误时，应按规定的方法更正，不得随意涂改或刮擦、挖补

> **提醒您**
>
> 原始凭证必须及时填制，并按规定的程序送交财务部门审核。

2.1.3 原始凭证的审核

为了保证原始凭证的真实性和准确性，便于进行会计记账和核算，会计人员应对各项原始凭证进行严格审核。

2.1.3.1 审核的内容

原始凭证审核的内容如图 2-2 所示。

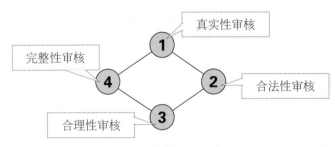

图 2-2　原始凭证审核的内容

（1）真实性审核

审核原始凭证，首先要审核其真实性。如果原始凭证不是真实的，就谈不上合法性、合理性和完整性审核了。所谓真实，就是原始凭证应当反映经济业务的本来面目，不得掩盖、歪曲和颠倒真实情况。具体的审核要求如表 2-2 所示。

表 2-2　原始凭证真实性审核要求

序号	审核事项	审核要求
1	业务双方当事人	原始凭证的开出方、接受方、填制责任人必须据实填写，不得假冒他人之名，也不得填写假名
2	基本信息	（1）经济业务的发生时间必须填写准确，不能提前或推后 （2）业务的发生地点必须准确、真实 （3）凭证的填制日期必须真实，不能任意改变
3	业务内容	应注明具体的业务名称以及该业务的具体内容，如日期、地点、报销费用、交通工具等

（2）合法性审核

合法性审核即审核原始凭证所记载的经济业务是否符合有关财经纪律、法规、制度等的规定，有无违法乱纪情况，若有，应予以揭露和制止。根据《中华人民共和国会计法》的规定，对不真实、不合法的原始凭证，会计人员有权不予接受，并向企业负责人报告。

（3）合理性审核

合理性审核即审核经济业务的发生是否符合本企业事先制订的计划和预算安排，有无不讲经济效益、脱离目标的现象，有无铺张浪费的行为。

（4）完整性审核

完整性审核即审核原始凭证是否将有关内容填写齐全，各项目是否按要求填写。

① 原始凭证的各构成要素是否齐全。

② 各要素内容的填制是否正确、完整、清晰。对凭证中所记录的数量、金额要进行认真审核，检查金额计算有无差错，大小写金额是否一致等。

③ 各经办部门和人员签章是否齐全。根据《中华人民共和国会计法》的规定，对记

载不准确、不完整的原始凭证应予以退回，并要求相关部门按照国家会计制度的规定进行更正、补充。

2.1.3.2 审核结果的处理

原始凭证不同审核结果的处理如图 2-3 所示。

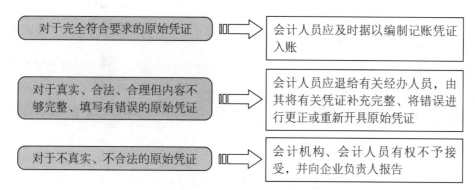

图 2-3 不同审核结果的处理

2.2 记账凭证的填制

记账凭证是会计人员根据原始凭证，按照经济业务的内容，运用复式记账原理填制的作为记账依据的会计凭证。

2.2.1 记账凭证的分类

记账凭证的分类如图 2-4 所示。

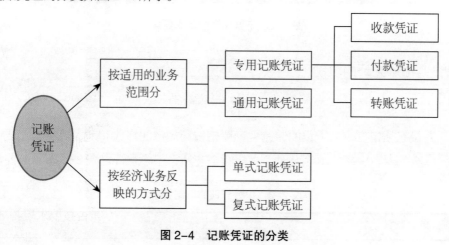

图 2-4 记账凭证的分类

2.2.2 记账凭证的基本要素

各类记账凭证虽然格式有所不同，但一般都包括以下内容。

（1）填制单位的名称。

（2）记账凭证的名称。

（3）记账凭证的编号。

（4）编制凭证的日期。

（5）经济业务的内容摘要。

（6）会计科目（包括总账科目和明细科目）的名称、金额。

（7）所附原始凭证的张数。

（8）填制人、审核人、记账人、会计主管等有关人员的签章，收款凭证和付款凭证还应有出纳人员的签名或盖章。

记账凭证的基本要素如图2-5所列。

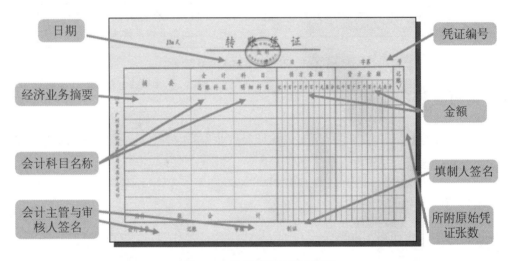

图2-5　记账凭证的基本要素

2.2.3　记账凭证的填制

2.2.3.1　填制要求

会计人员必须根据审核无误的原始凭证严格按照规定的格式和内容填制记账凭证，除做到记录真实、内容完整、填制及时、书写清楚之外，还必须符合表2-3所示的要求。

表2-3　记账凭证的填制要求

序号	栏目	填制要求
1	记账凭证的日期	（1）一般记账凭证的日期为填制当日的日期 （2）报销凭证的日期应填写报销当日的日期 （3）现金收付款凭证的日期应填写现金收付款当日的日期 （4）银收凭证的日期应填写收到银行进账单或银行回执的戳记日期

续表

序号	栏目	填制要求
1	记账凭证的日期	（5）银付凭证的日期应填写财务人员开出银付凭证或承付的日期 （6）财务人员自制的计提或分配费用等凭证的日期应填写当月最后一天的日期
2	编号	记账凭证应连续编号。一笔经济业务需要填制两张以上记账凭证的，可以采用分数法编号。例如，一笔经济业务需编制四张转账凭证，该转账凭证的顺序号为第8号，则这笔业务可编制转字第 $8\frac{1}{4}$ 号、第 $8\frac{2}{4}$ 号、第 $8\frac{3}{4}$ 号和第 $8\frac{4}{4}$ 号四张凭证
3	摘要	是对经济业务的简要说明，要求文字简练、概括，满足账簿登记的要求
4	科目	应当根据经济业务的内容，按照会计制度的规定，确定应借、应贷科目。会计科目设置必须正确，不得随意改变、简化会计科目的名称，有关的二级科目或明细科目要填写齐全

 【实例1】▶▶▶

付款凭证（差旅费）填制

公司行政部张三出差回来，报销差旅费3000元，会计人员以现金支付。据此，可制作付款凭证，具体的填写方法如下。

（1）"摘要"栏：填写"支付行政部张三差旅费"。

（2）"借方科目"栏：由于报销的差旅费属于管理费用，因此填写"管理费用——差旅费"。

（3）"贷方科目"栏：采用的是现金支付，应填写"现金"。

（4）"金额"栏：填写"3000.00"。

（5）"编号"栏：填写"现付字第 × 号"。

（6）"时间"栏：填写具体的日期。

以下是按要求填写的付款凭证。

×× 公司付款凭证

贷方科目：现金　　　　　　　　　　×× 月 ×× 日　　　　　　　　　　现付字第 × 号

摘要	借方科目	金额		附件张
		一级科目	二级科目	
支付行政部张三差旅费	管理费用——差旅费	3000.00	3000.00	
合计		3000.00	3000.00	

会计主管：×××　记账：×××　出纳：×××　复核：×××　制单：×××

2.2.3.2 注意事项

（1）记账凭证可以根据每一张原始凭证填制，也可以根据若干张同类原始凭证汇总填制，还可以根据原始凭证汇总表填制。但不得将不同内容和类别的原始凭证汇总填制在一张记账凭证上。例如，不能将购货发票和销货发票汇总到一起。

（2）除结账和更正记账凭证可以不附原始凭证外，其他记账凭证必须附原始凭证。一张原始凭证如涉及几张记账凭证，可以把原始凭证附在一张主要记账凭证的后面，并在其他记账凭证上注明附有该原始凭证的记账凭证的编号或者附上该原始凭证的复印件。

一张原始凭证所列的支出需要由几个单位共同承担时，应当由保存该原始凭证的单位开具原始凭证分割单给其他单位，如表2-4和表2-5所示。

表2-4 原始凭证分割单（1）

需分割凭证名称：　　　　　　　分割日期：　　　　　　　单位：元

填制凭证单位名称				接受分割单单位名称				
序号	分割类别	经济业务内容	分割前总额	单位	分割量	单价	分割金额	备注
1								
2								
3								
4								
5								
6	分割金额合计 大写							

填制人：　　　　　　经办人：　　　　　　接受人：

说明：本分割单一式两份，填制单位一份，接受单位一份。

表2-5 原始凭证分割单（2）

年　　月　　日

接受单位名称			地址										
原始凭证	单位名称		地址										
	凭证名称		日期		编号								
总金额		人民币（大写）			千	百	十	万	千	百	十	元	角	分
分割金额		人民币（大写）			千	百	十	万	千	百	十	元	角	分

续表

原始凭证主要内容、分割原因	
备注	该原始凭证附在本单位　　年　月　日第　　号记账凭证内

单位名称（公章）：　　　　　　　　会计：　　　　　　　制单：

（3）记账凭证应按行次逐项填写，不得跳行，如果最后一笔数字与合计数之间有空行，应在金额栏划斜线或闪电号注销。

2.2.3.3　不同记账凭证的填制方法

（1）收款凭证的填制方法

收款凭证根据有关现金、银行存款收款业务的原始凭证填制。收款凭证左上角的"借方科目"按收款的性质填写"库存现金"或"银行存款"。

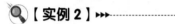 【实例2】▶▶▶

收款凭证（销售产品）填制

2025年6月2日，企业销售给甲单位A产品80件，每件售价13元，合计1040元；B产品50件，每件18元，合计900元；货款总额为1940元，应收取的销项税额为252.2元（13%的税率），款项收到并存入银行存款账户，并附有发票和进账单。

收 款 凭 证

借方科目：银行存款　　　　　　2025年6月2日　　　　　　银收字第　1　号

摘要	贷方总账科目	明细科目	记账符号	万	千	百	十	元	角	分
				\multicolumn{7}{c}{金额}						
销售给甲单位：A产品80件	产品销售收入	A产品			1	0	4	0	0	0
B产品50件		B产品				9	0	0	0	0
	应交税费	应交增值税（销项税额）				2	5	2	2	0
合计				￥	2	1	9	2	2	0

附单据 2 张

会计主管：白××　　记账：吴××　　审核：邵××　　出纳：朱××　　制单：黄××

（2）付款凭证的填制方法

付款凭证根据有关现金、银行存款付款业务的原始凭证填制。付款凭证的编制方法与收款凭证基本相同，只是左上角的"借方科目"更换为"贷方科目"，凭证中的"贷方科目"更换为"借方科目"。

🔍 【实例 3】▶▶▶ --

付款凭证（采购材料）填制

2025 年 6 月 8 日，企业购入材料一批，买价 28960.00 元，用银行存款支付（假定这是本月第二笔银行支付业务，共有 5 张原始凭证）。

发生上述业务后，会计人员根据审核无误的原始凭证填制银行存款付款凭证，内容与格式如下所示。

付 款 凭 证

贷方科目：<u>银行存款</u>　　　　　　2025 年 6 月 8 日　　　　　　银付字第　2　号

摘要	借方总账科目	明细科目	记账符号	金额							
				万	千	百	十	元	角	分	
购入材料一批	原材料			2	8	9	6	0	0	0	附单据 5 张
合计				2	8	9	6	0	0	0	

会计主管：白××　　记账：吴××　　审核：邵××　　出纳：朱××　　制单：黄××

2025 年 7 月 2 日，企业从南方工厂购进甲材料 500 千克，增值税所列单价为 4.90 元，买价合计 2450 元，进项税额为 318.5 元，对方代垫运杂费 50 元，款项以银行存款支付，材料尚未运到，附有发票、支票存根。

付 款 凭 证

贷方科目：银行存款   2025 年 7 月 2 日   银付字第　3　号

摘要	借方总账科目	明细科目	记账符号	金额						
				万	千	百	十	元	角	分
购进甲材料 500 千克	材料采购	甲材料			2	5	0	0	0	0
	应交税费	应交增值税（进项税额）			3	1	8	5	0
合计				¥	2	8	1	8	5	0

附单据 2 张

会计主管：白××　　记账：吴××　　审核：邵××　　出纳：朱××　　制单：黄××

注意事项：

现金和银行存款之间划转业务如何处理？为避免重复记账，一律编制“付款凭证”，即从银行提取现金——编制“银付”字凭证；将现金存入银行——编制“现付”字凭证。

如果从银行提取现金 8000 元备用。

借：库存现金　　　　　　　　　　8000（收款）

贷：银行存款　　　　　　　　　　8000（付款）

这一业务应填制“银付”凭证，而不必填制“现收”凭证。

如果将现金 20000 元存入银行。

借：银行存款　　　　　　　　　20000（收款）

贷：库存现金　　　　　　　　　20000（付款）

这一业务应填制“现付”凭证，而不必填制“银收”凭证。

（3）转账凭证的填制方法

转账凭证是根据不涉及现金和银行存款收付业务的原始凭证而填制的记账凭证。

转账凭证主要记录与货币资金收付无关的经济业务，将经济业务所涉及的全部会计科目，按照先借后贷的顺序计入“会计科目”栏中的“一级科目”和“二级明细科目”，并按应借、应贷方向分别计入“借方金额”或“贷方金额”栏。其他项目的填列与收款或付款凭证相同。

🔍 【实例4】 ▶▶▶ --

转账凭证（差旅费报销）填制

2025 年 4 月 13 日，销售部经理罗三报销差旅费 986 元（假定这是本月第 11 笔非现金、银行存款业务，共有 3 张原始凭证）。

发生上述业务后，会计人员根据审核无误的原始凭证填制转账凭证，内容与格式如下。

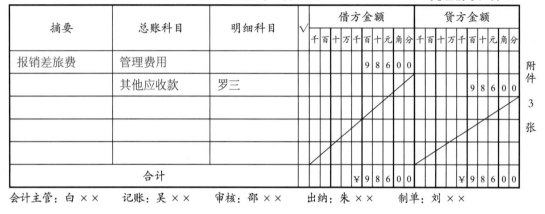

转 账 凭 证

2025 年 4 月 13 日　　　　　　　　　　　　凭证编号：转 11

摘要	总账科目	明细科目	√	借方金额 千百十万千百十元角分	贷方金额 千百十万千百十元角分	
报销差旅费	管理费用			9 8 6 0 0		附
	其他应收款	罗三			9 8 6 0 0	件
						3
						张
合计				¥9 8 6 0 0	¥9 8 6 0 0	

会计主管：白×× 　记账：吴×× 　审核：邵×× 　出纳：朱×× 　制单：刘××

2.2.3.4　记账凭证存在错误的处理

（1）填制时（未入账）发现错误，应当重新填制。

（2）已登记入账的记账凭证存在错误，应予以更正。

① 当年发现记账凭证填写错误，处理方法如图 2-6 所示。

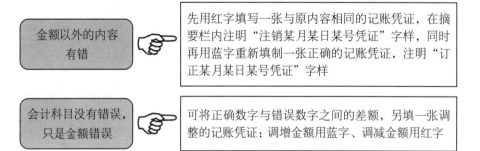

金额以外的内容有错	☞	先用红字填写一张与原内容相同的记账凭证，在摘要栏内注明"注销某月某日某号凭证"字样，同时再用蓝字重新填制一张正确的记账凭证，注明"订正某月某日某号凭证"字样
会计科目没有错误，只是金额错误	☞	可将正确数字与错误数字之间的差额，另填一张调整的记账凭证：调增金额用蓝字、调减金额用红字

图 2-6　当年发现记账凭证填写错误的处理方法

② 发现以前年度的记账凭证有错误时，应当用蓝字填制一张更正的记账凭证。

2.2.4 记账凭证的审核

为了保证账簿记录的准确性，记账前必须有专人对已编制的记账凭证进行认真、严格的审核。审核的内容主要有以下几个方面。

（1）按原始凭证的审核要求，对所附的原始凭证进行复核。

（2）记账凭证同所附原始凭证的内容是否相符，所附的原始凭证是否齐全，金额是否准确等。对一些需要单独保管的原始凭证和文件，应在凭证上加以说明。

（3）凭证中的会计科目是否正确。应借、应贷的金额是否一致，账户的对应关系是否清晰，核算内容是否符合会计制度的规定等。

（4）记账凭证需要填写的项目是否齐全，有关人员是否均已签章等。

> **提醒您**
>
> 在审核中如发现记账凭证的记录不全或存在错误，应重新填制或按规定办理更正手续。只有审核无误的记账凭证，才是登记账簿的依据。

2.2.5 记账凭证附件的处理

记账凭证的附件就是所附的各类原始凭证。原始凭证必须附在相应的记账凭证后面，并在记账凭证中标明所附的张数。

2.2.5.1 附件的整理

附件种类较多，且外形大小不一，因此，为了便于装订与保管，有必要对其进行整理。

（1）在保证原始凭证内容准确、完整的前提下，可以裁剪掉多余的部分。

（2）对于过宽、过长的附件，应进行纵向和横向折叠。折叠后的附件尺寸，不应长于或宽于记账凭证。

（3）对于过窄、过短的附件，应进行必要的粘贴加工。可以将其贴于特制的原始凭证粘贴纸上，然后再装订。

 相关链接

原始凭证的粘贴

1. 票据分类

对于数量较多的同一类型票据，应先按照内容进行分类，如办公用品、交通费、差旅费等，再按照类别分别粘贴。其中，差旅费的票据还应按照差旅费报销单中的项目再次分类，单独粘贴，附到差旅费报销单后边。

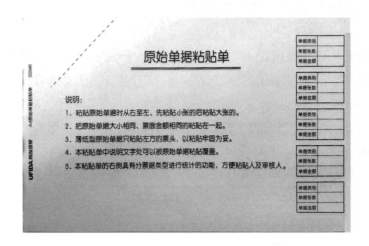

2. 顺序粘贴

将胶水涂抹在原始发票左侧背面，沿着粘贴单右下角均匀粘贴，依次向左侧排列，贴至距粘贴单左侧 3 厘米处，留出位置以便于凭证装订。应将票据均匀粘贴在粘贴单上，每一列的发票张数大致相同。不要将票据集中粘贴在粘贴单中间，以免中间厚、四周薄，使凭证装订起来不整齐，达不到装订要求。

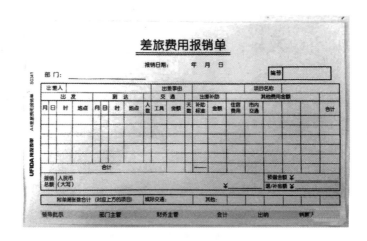

3. 尺寸大于粘贴单的票据处理

对于尺寸比粘贴单大的票据或其他附件，也应在票据左侧背面涂抹胶水，沿粘贴单左侧 3 厘米线粘贴，超出部分可以按照粘贴单的大小进行折叠；折的时候也要讲究方法，不要折完贴上以后不能打开。

4. 发票数量的要求

在发票较多的情况下，应按照大票—中票—小票的顺序粘贴。这样大票覆盖住小票，既美观又实用。但是每张粘贴单上所附发票应不超过20张。

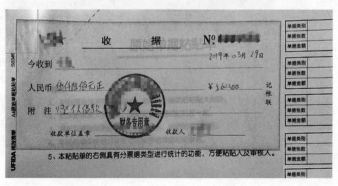

5. 粘贴工具的选择

很多人为了方便，选择用胶棒粘贴。但是胶棒粘贴纸张并不牢固，干了之后纸张很容易掉下来。所以财务报销要求用胶水粘贴，且胶水用量要适中，胶水太少不牢固，胶水太多则难以装订。另外，纸张空白处如果没有特殊要求，最好用裁纸刀裁掉，免去折叠的麻烦。

6. 整体检查

按照上述步骤粘贴后，要用手压平。对于超出粘贴单的边角，应用直尺和裁纸刀小心裁掉，不牢固的地方要用少量胶水补充。最后检查一下附件是否齐全，附件票据金额与报销金额是否一致。

2.2.5.2 附件的处理

对附件应当区别不同情况进行处理。

（1）原始凭证必须分类整理后，才能附在记账凭证后面。不能将不同内容和类别的原始凭证汇总填制在一张记账凭证上。

（2）除结账的记账凭证和更正的记账凭证可以不附原始凭证外，其他记账凭证必须附原始凭证。

2.3 会计凭证的管理

根据财政部《会计基础工作规范》第五十五条第二款的规定，记账凭证登记完毕后，应当按照分类和编号顺序进行保管，不得散乱或丢失。为此，会计人员必须对会计凭证进行装订，将记账凭证连同所附的原始凭证或者原始凭证汇总表，按照编号顺序折叠整齐；然后按期装订成册，加具封面，在封面上编好卷号，并在明显处标明凭证种类编号，由装订人在装订线封签处签名或者盖章；最后按编号顺序入柜保管，以便调阅。

2.3.1 会计凭证的传递

会计凭证的传递是指会计凭证在企业有关部门和人员之间的传递，具体如图2-7所示。

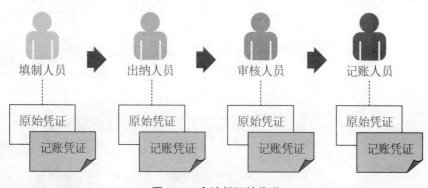

图2-7 会计凭证的传递

2.3.2 会计凭证的整理与装订

会计凭证的整理与装订是指定期把整理完毕的会计凭证按照编号顺序，外加封面、封底，装订成册，并在装订线上加贴封签。

2.3.2.1 装订前的设计

有的企业经济业务较少，一个月的记账凭证可能只有几十张，装订起来只有一册；有的企业经济业务频繁，一个月的记账凭证可能有几百张或几千张，装订起来有十几册或几十册。

因此在装订之前，要做好设计工作，确定将一个月的记账凭证装订成几册。每册的厚薄应基本保持一致，厚度一般以 1.5～2.0 厘米为宜。不能把几张同属于一份记账凭证的原始凭证拆开装订在两册之中。另外，应再次检查一下所附的原始凭证是否全部折叠整理完毕。凡超过记账凭证宽度和长度的原始凭证，都要整齐地折叠进去。还要特别注意装订线眼的折叠方法，以防装订后翻不开。

2.3.2.2 装订工具的配备

一般需准备如下装订工具：闸刀 1 架；取钉器 1 只；大剪刀 1 把；大针 1 枚（钢钩子针或将回形针折成 V 形）；装订线若干；手电钻 1 把（或装订机 1 台）；胶水 1 瓶；装订台 1 张；铁榔头 1 把；木垫板 1 块；铁夹若干；美工刀 1 把等。

2.3.2.3 装订前的检查和准备工作

（1）将会计凭证按顺序排列在工作台上，检查记账凭证是否分月按顺序连续编号（如 1、2、3），是否有跳号或重号现象。

（2）摘除记账凭证内的金属物（如订书钉、大头针、回形针）。

（3）检查记账凭证的顺序号，如有颠倒应重新排列，如有缺号需查明原因。然后再检查附件是否有漏缺，领料单、入库单、工资单、奖金发放单是否齐全。

（4）检查记账凭证上有关人员（如财务主管、复核人、记账人、制单人等）的印章是否齐全。

（5）准备垫角纸。可将 120 克左右厚度的牛皮纸裁成边长为 4.5 厘米的正方形，然后再从对角线裁下，一分为二。

（6）准备包角纸。可在会计档案专用商店购买。

（7）准备封皮。

所有会计凭证都要加具封皮（包括封面和封底）。封皮应采用结实、耐磨、韧性较强的牛皮纸等。会计凭证封面应注明单位名称、凭证类别、凭证号数、所反映经济业务的发生日期、凭证的起止号码、本札凭证的册数和张数以及有关经办人员的签章。会计凭证封面如图 2-8 所示。

会计凭证封面

单位名称：						
日期： 自 年 月 日起至 年 月 日止						
凭证号数： 自 号至 号 凭证类别：						
册数： 本月共 册 本册是第 册						
原始凭证、汇总凭证张数： 共 张						
全宗号： 目录号： 案卷号：						
会计 复核 装订人 年 月 日装订						

图 2-8 会计凭证封面

提醒您

　　会计凭证装订时，对于那些重要的原始凭证，比如各类经济合同、存出保证金收据、涉外文件、契约等，为了便于日后查阅，应另编目录，单独保管，并在有关的记账凭证和原始凭证上相互注明日期和编号。

2.3.2.4 装订

为了使装订成册的会计凭证外形美观，装订时要考虑凭证的整齐度，特别是装订线的位置，如果太薄，可用纸折一些三角形纸条均匀地垫进去，以保证它的厚度与凭证中间的厚度一致。正式装订时，按以下顺序进行。

（1）将凭证封面和封底裁开，分别附在凭证前面和后面，然后再拿一张质地相同的纸放在封面上面，做护角用。折叠整齐后，用两个铁夹分别夹住凭证的上侧和左侧。

（2）用铅笔在凭证的左上角画一个长度为5厘米的分角线，将直角分成两个45度角，如图2-9所示。

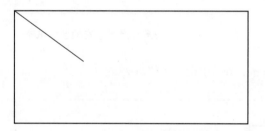

图2-9　长度为5厘米的分角线

（3）在分角线的适当位置上选两个点打孔，作为装订线眼。这两个孔可在距左上角顶端2~4厘米的范围内确定，如图2-10所示。

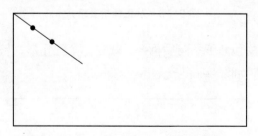

图2-10　选两个点打孔作为装订线眼

（4）用缝毛衣针引线绳沿虚线方向穿绕两孔若干次，并在凭证背面打结，如图2-11所示。

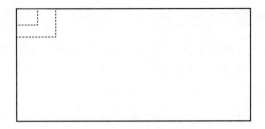

图2-11　用缝毛衣针引线绳沿虚线方向穿绕两孔若干次

（5）将放在最上面的牛皮纸裁成一条宽6厘米左右的包角纸条，从记账凭证的背面折叠纸条，粘贴成图2-12所示的形状。

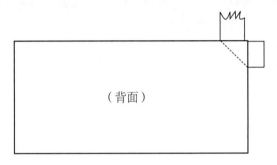

图2-12　裁一条宽6厘米左右的包角纸条

（6）从正面折叠纸条，粘贴成图2-13所示的形状。

图2-13　从正面折叠纸条

（7）将正面未粘贴的包角纸条向后折叠，裁去一个三角形，与背后的包角纸条重叠、粘牢。包角后的会计凭证如图2-14所示。

图2-14　包角后的会计凭证

2.3.2.5 装订的具体要求

（1）上边和左边要对齐。如果原始凭证的尺寸大于记账凭证，要将其右边和下边折叠，如图2-15所示。

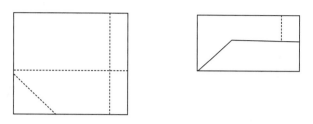

图2-15 将原始凭证的右边和下边折叠

（2）装订线在左上角，并订入一张包角纸。装订完成后将包角纸翻过去在背面粘上，注意要将线头包进去，并盖上装订人的印章，以示负责，如图2-16所示（阴影部分为包角纸，黑色圆点为线眼，灰色线条为装订线）。

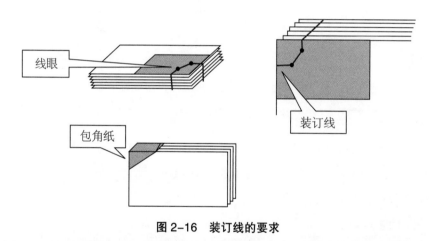

图2-16 装订线的要求

2.3.3 会计凭证的立卷、归档

会计凭证装订完成后，要做好以下工作。

2.3.3.1 认真填写会计凭证封面

会计凭证封面记载的内容是事后查账和查证有关事项的索引和凭证。"启用日期"要把年、月、日写全；"单位名称"要写全称；"本月共 ×× 册，本册是 ×× 册"要写清楚；"凭证张数"填写本册共有多少张；记账凭证号数"自第 × 号至第 × 号"一栏要填写准确；"保管期限"是按规定本册凭证应保管多少年；还要把原始凭证及记账凭证总张数填写准确；装订年、月、日要如实填写；会计主管人员应盖章；装订线应有封口并加盖骑缝章。

2.3.3.2　填写卷脊上的项目

卷脊上一般应写明"某年某月凭证"和案卷号。案卷号主要是为了便于保存和查找，一般由档案管理部门统一编号。卷脊上的编号应与封面案卷号一致。

2.3.3.3　归档

将装订好的会计凭证按年统一编制流水号，案卷号与记账凭证册数编号应当一致，然后放入盒中，由专人负责保管。

2.3.4　会计凭证的保管

应妥善保管会计凭证，保管期间会计凭证不得外借。对超过保管期限（一般是15年）的会计凭证，要严格依照规定程序销毁。需永久保留的会计凭证，不能销毁。会计凭证归档保管的要求如下。

（1）每月记账完毕，要将本月的各类记账凭证加以整理，检查有无缺号、附件是否齐全，然后按顺序号排列，装订成册。

> **提醒您**
>
> 如果一个月内的凭证数量过多，可分装若干册，并在封面上加注"共×册"字样。

（2）装订成册的会计凭证，应集中保管，并由专人负责。如需查阅，应履行相应的手续。

（3）每年装订成册的会计凭证，在年度终了时暂由财务部保管1年，期满后交行政部资料室统一归档保管。

（4）会计凭证应加贴封条，以防抽换资料。原始凭证不得外借，其他单位如有特殊原因确实需要使用的，经企业财务负责人批准，可以复制，并在"原始凭证外借登记表"上进行登记，如表2-6所示。

表2-6　原始凭证外借登记表

凭证编号	名称	主要内容	外借日期	外借使用期限	借用人	经办人	备注

（5）原始凭证较多时，可以单独装订，但应在凭证封面注明所属记账凭证的日期、编号和种类，同时在所属的记账凭证上注明"附件另订"及原始凭证的名称和编号，以便查阅。

（6）会计凭证的保管期限和销毁手续，必须按照国家会计制度的要求确定。

学习笔记

请对本章的学习做一个小结，将你认为的重点事项和不懂事项分别列出来，以便于自己进一步学习与提升。

本章重点事项
1.
2.
3.
4.
5.
本章不懂事项
1.
2.
3.
4.
5.
个人心得
1.
2.
3.
4.
5.

第 3 章

会计账务管理

 学习目标：

1.了解账簿设计的原则、会计账的构成、账户的基本结构和内容、建账所需的资料，掌握建账数量的确定、建账的基本程序及各类账簿的设置等内容。

2.了解记账的两种方法——借贷记账法、登记分类法，掌握这两种方法的操作流程。

3.了解结账、对账及错账更正的要求，掌握结账、对账及错账更正的方法。

3.1 会计建账

在年度开始，会计人员应根据核算工作要求设置相应的账簿，即建账。

3.1.1 账簿设计的原则

账簿设计应做到总分结合、序时与分类结合，层次清楚，便于分工，具体设计原则如图 3-1 所示。

原则一 > **与企业规模和会计分工相适应的原则**

> 企业规模较大，经济业务必然较多，会计人员的数量也相应较多，分工也较细，会计账簿也较复杂，册数也较多；反之，企业规模小，经济业务量就少，一个会计人员可处理全部经济业务，没必要设多本账簿，所有的明细分类账集合成一两本即可

原则二 > **既满足管理需要又避免重复设账的原则**

> 账簿设计的目的是取得管理所需的资料，因此要避免重复设账、记账，浪费人力、物力。例如，对于材料账，一些企业在财务科设了总账和明细账，在供应科又设了一套明细账，在仓库还设了三级明细账，这就是重复设账。事实上，在财务科设总账，在供应科设二级明细账（按类别），在仓库设二级明细账（按品名规格），一层控制一层，互相核对，数据共享，则既省时又省力

原则三 > **账簿设计与账务处理程序紧密配合的原则**

> 账务处理程序实质上已大致确定了账簿的种类。在进行账簿设计时，应充分考虑已选定的账务处理程序。例如，若选定日记总账账务处理程序，就必须先设计一本日记总账，再考虑设置其他账簿。又如，若选定多栏式日记账账务处理程序，就必须先设计四本多栏式日记账，分别记录现金收付和银行存款收付业务，然后再考虑设置其他账簿

原则四 > **账簿设计与会计报表指标相衔接的原则**

> 会计报表是根据账簿资料编制的，报表中的有关指标应直接从总分类账户或明细分类账户中获得，尽量避免从几个账户中取得资料再进行加减运算来填报

图 3-1 账簿设计的四大原则

相关链接 ....

一本会计账的主要构成

会计账的格式多种多样，但总账、明细账和日记账等一般都由封面、扉页和账页等构成。

一、封面

封面主要用来载明账簿的名称。

二、扉页

扉页主要用来登载以下内容。

（1）单位名称。

（2）账簿名称。

（3）起止页数。

（4）启用日期。

（5）单位领导人。

（6）会计主管人员。

（7）经管人员。

（8）移交人和移交日期。

（9）接管人和接管日期。

三、账页

账页是账簿的主体，在每张账页上，应载明：

（1）账户名称（即会计科目或明细科目）。

（2）记账日期。

（3）记账凭证的种类和号数。

（4）摘要。

（5）金额。

（6）总页次和分页次。

3.1.2 建账的数量

无论企业规模、会计水平如何，会计信息的加工都来自以下四本账，即总分类账、明细分类账、现金日记账和银行存款日记账。

3.1.2.1　总分类账

总分类账简称总账，一般企业只设一本总分类账，采用订本账。总账科目的设置可以参照《企业会计准则——应用指南》的附录：会计科目和主要账务处理。

《企业会计准则——应用指南》附录共有六类156个一级会计科目，与《企业会计制度》中的五类会计科目相比，多了一类"共同类"会计科目，一般企业不会涉及。建账时，企业可参照以上六类标准科目，在不违反企业会计确认、计量和报告要求的前提下，设置符合自身特点的总账科目。

3.1.2.2　明细分类账

明细分类账简称明细账，是分户登记某一类经济业务明细的账簿，通常根据二级科目或明细科目来设置账户。明细账一般使用活页账。活页明细账主要包括：

（1）库存材料分类账（收、发、存数量金额式）。

（2）库存材料多栏式分类账（收、发、存数量金额式）。

（3）低值易耗品明细分类账（在库、在用）。

（4）材料采购明细账。

（5）材料成本差异明细账。

（6）分期收款发出商品明细账。

（7）委托加工存货明细账。

（8）固定资产明细分类账（登记设备与计算折旧）。

（9）生产成本明细账。

（10）制造费用明细账。

（11）管理费用明细账。

（12）销售费用明细账。

（13）财务费用明细账。

（14）应付职工薪酬明细账。

（15）产品销售明细账。

（16）应交增值税明细账。

3.1.2.3　现金日记账和银行存款日记账

无论何种企业，都存在货币资金的核算问题，现金日记账和银行存款日记账是必须设的，均采用订本账。

现金日记账应日清月结，余额与出纳保管的库存现金要相符，以避免资金体外循环，杜绝"小金库"现象发生。

银行存款日记账余额应与银行对账单相符，企业月初要编制银行存款余额调节表。现金流是企业的血液，是管理者每天都关注的财务数据。企业财务人员必须每天及时更新和核对货币资金账目，使管理者的决策有的放矢。

 相关链接

账户的基本结构和内容

一、账户的基本结构

账户分为左（记账符号为"借"）、右（记账符号为"贷"）两个方向，一方登记增加，另一方登记减少。

资产、成本、费用类账户，借方登记增加额，贷方登记减少额；负债、所有者权益、收入类账户，借方登记减少额，贷方登记增加额。

账户中登记本期增加的金额，称为本期增加发生额；登记本期减少的金额，称为本期减少发生额；增减相抵后的差额，称为余额，余额按照时间的不同分为期初余额和期末余额。

基本关系为：

期末余额＝期初余额＋本期增加发生额－本期减少发生额

对于资产、成本、费用类账户：

期末余额＝期初余额＋本期借方发生额－本期贷方发生额

对于负债、所有者权益、收入类账户：

期末余额＝期初余额＋本期贷方发生额－本期借方发生额

二、账户的内容

账户的内容包括账户名称、经济业务的记录日期、所依据记账凭证的编号、经济业务摘要、增减金额、余额等。

3.1.3　建账的基本程序

建账的基本程序如图3-2所示。

按照各类账簿的格式要求，准备相应的账页，并将活页的账页用账夹装订成册

在账簿的"启用表"上，写明单位名称、账簿名称、册数、编号、起止页数、启用日期以及记账人员和会计主管人员姓名，并加盖名章和单位公章。记账人员或会计主管人员在本年度调动工作时，应注明交接日期、接办人员和监交人员姓名，并由交接双方签名或盖章，以明确经济责任

按照会计科目表的顺序、名称，在总账账页上建立总账账户，并根据总账账户明细核算要求，在各个所属明细账户上建立二级、三级明细账户

启用订本式账簿，应从第一页到最后一页顺序编号，不得跳页、缺号；使用活页式账簿，应按账户顺序编定页次号码。各账户编列号码后，应将账户名称页次登入账户目录内，并粘贴索引纸（账户标签），写明账户名称，以利于检索

图 3-2　建账的基本程序

相关链接

建账所需的资料

企业建账所需的资料主要有企业章程、企业法人营业执照、验资报告等。验资报告的作用：一是能佐证企业的注册资本金额，以便确定账务中的实收资本金额；二是能反映股东的出资方式，是货币还是实物。取得验资报告是为了确定股东的出资方式。不能确定股东出资方式是无法建账的。注册资本发生变动的，应取得历次的验资报告。若是股东以实物出资，还要取得当时的评估报告。

3.1.4　总账的设置

3.1.4.1　总分类账的格式

总账又称总分类账，一般有三栏式（见表3-1）、双栏式（见表3-2）、棋盘式（见表3-3）。其中，三栏式是普遍采用的格式；双栏式仅适用于期末没有余额的虚账户（收入、费用等的暂记性、过渡性账户）；棋盘式总分类账有利于体现账户之间的对应关系，但账页庞大，工作量很大，仅适合业务量少、科目也少的企业。

表3-1　总分类账（三栏式）

账户名称：　　　　　　　　　　　　　　　　　　　　　　　　　　　第　页

年		凭证		摘要	借方金额	贷方金额	借或贷	余额
月	日	字	号					

表3-2　总分类账（双栏式）

账户名称：　　　　　　　　　　年　　月　　　　　　　　　　　　第　页

年		凭证		摘要	借方金额	贷方金额
月	日	字	号			

表3-3　总分类账（棋盘式）

年　　月　　　　　　　　　　　　第　页

借方 / 贷方	甲科目	乙科目	……	……	……	贷方余额
甲科目						
乙科目						
……						
借方发生额						
贷方发生额						

借方/贷方		甲科目	乙科目	……	……	……	贷方余额
月初余额	借方						
	贷方						
月末余额	借方						
	贷方						

3.1.4.2　设置总分类账的注意事项

在设置总分类账的时候，会计人员应估计每一类业务的业务量，将每一类业务用口取纸分开，并在口取纸上写明每一类业务的会计科目名称，以便在登记时能够及时找到相应的账页。将总账分页使用时，如果总账账页第 1～10 页登记现金业务，应在目录中写清楚"库存现金……1～10"，并且在总账账页的第 1 页贴上口取纸，并写明"库存现金"；如果第 11～20 页登记银行存款业务，则应在目录中写清楚"银行存款……11～20"，并且在总账账页的第 11 页贴上写有"银行存款"的口取纸，以此类推，总账便建好了。

3.1.5　日记账的设置

日记账的主要作用是按照时间的先后顺序记录经济业务，以保持会计资料的完整性和连续性。设置日记账时，要先确定经济业务的种类和数量。日记账在不同的会计核算形式下，具体用途是不同的。

3.1.5.1　日记账用作过账媒介

如果日记账用作过账媒介（如通用日记账、日记总账核算组织形式），则应建立一个严密完整的序时账簿体系，涵盖企业所有的经济业务。

当日记账用作过账媒介时，必须设置普通日记账，记录全部转账业务，逐日逐笔进行登记。普通日记账可以采用账户两栏式，也可采用金额双栏式，后者更简便易行。

3.1.5.2　日记账不用作过账媒介

如果日记账不用作过账媒介，则不必考虑账簿体系的完整性，只设置某些特种日记账即可。设置的特种日记账主要有现金日记账和银行存款日记账，极少数企业还设置销货日记账和购货日记账。

（1）现金日记账

现金日记账是专门记录现金收付业务的特种日记账，一般由出纳人员负责填写。现金日记账既可用作明细账，也可用作过账媒介。现金收付业务较多的企业，也可分别设置现金收入日记账和现金支出日记账（见表 3-4、表 3-5），它们只能是单栏式的日记账；现金日记账还可设置成三栏式的（见表3-6）。除非现金收付业务特别繁多，一般情况下，企业只设置三栏式现金日记账。

表3-4　现金收入日记账

借方科目：库存现金　　　　　　　　　　　　　　年　　　月　　　　　　　　　　　　　第　　页

年		凭证		摘要	贷方科目	金额
月	日	字	号			

表3-5　现金支出日记账

贷方科目：库存现金　　　　　　　　　　　　　　年　　　月　　　　　　　　　　　　　第　　页

年		凭证		摘要	借方科目	金额
月	日	字	号			

表3-6　现金日记账

　　　　　　　　　　　　　　　　　　　　年　　　月　　　　　　　　　　　　　第　　页

年		凭证		摘要	支票号	对方科目	借方金额	贷方金额	余额
月	日	字	号						

（2）银行存款日记账

　　银行存款日记账是用来记录银行存款收付业务的特种日记账。其设置方法与现金日记账基本相同，应将账簿名称分别改为银行存款收入日记账、银行存款支出日记账和银行存款日记账，并将前两种账页左上角的科目名称改为"银行存款"。而且还应增加"结算方式"一栏，以便分类提供数据及进行查对、汇总。一般企业也只设置三栏式银行存款日记账，如表3-7所示。

表3-7　银行存款日记账

年		凭证编号	结算方式		摘　要	借方									√	贷方									√	借或贷	余额									√
月	日		类	号码		百	十	万	千	百	十	元	角	分		百	十	万	千	百	十	元	角	分			百	十	万	千	百	十	元	角	分	

3.1.6　明细账的设置

明细账也称明细分类账，是根据总账科目所属的明细科目设置的，用于分类登记某一类经济业务，提供有关核算资料。明细账可采用订本式、活页式、三栏式、多栏式、数量金额式。

3.1.6.1　明细账的种类

（1）三栏式明细账

三栏式明细账适合只需进行金额核算而无须进行数量核算的账户，例如，债权、债务等结算账户。三栏式明细账的格式一般有收、发、存三栏式（见表3-8）和借、贷、余三栏式（见表3-9）两种。

表3-8　实物保管账

品名：　　　　　　　　　　　　　存放地点：
规格：　　　　　　　　　　　　　单位：

年		凭证		摘要	收入	发出	结存
月	日	字	号				

表 3-9 ××明细账（借、贷、余三栏式）

明细科目：

年		凭证		摘要	借方金额	贷方金额	借或贷	余额
月	日	字	号					

（2）数量金额式明细账

数量金额式明细账中的"收入""发出""结存"三大栏内又分别设置了"数量""单价""金额"三小栏（见表 3-10），一般适合既要进行金额核算又要进行实物数量核算的各类财产物资，如原材料、库存商品等。

表 3-10 ××明细账（数量金额式）

第 页

类别					计量单位						
品名规格					存放地点						
编号					储备定额						
年		凭证		摘要	收入			发出			结存		
月	日	字	号		数量	单价	金额	数量	单价	金额	数量	单价	金额

（3）多栏式明细账

企业根据管理需要在一张账页内不仅按借、贷、余三部分设立金额栏，还会按明细科目在借方或贷方设立许多金额栏，以集中反映有关明细项目的核算资料。这种格式的明细账适合"生产成本""制造费用""销售费用""管理费用""主营业务收入"（分产品的）等账户的明细核算，如表 3-11 所示。

表 3-11　×× 明细账（多栏式）

第　　页

年		凭证		摘要	借方	贷方	借或贷	余额	（　）分析
月	日	字	号						

此外，本年利润的形成、分配类科目以及"应交税费——应交增值税明细账"科目，则需采用借贷双方均为多栏式的明细账，如表 3-12 所示。

表 3-12　应交税费——应交增值税明细账

年		凭证		摘要	借方			贷方				借或贷	余额
月	日	字	号		合计	进项税额	已交税金	合计	销项税额	出口退税	进项税额转出		

（4）平行式明细分类账

平行式明细分类账也叫横线登记式明细账，账页设有借方和贷方两栏，采用横线登记，即将每一相关业务登记在一行，会计人员可依据每一行各个栏目登记的资料来判断该项业务的进展情况。它适合"材料采购""其他应收款"等账户的明细分类核算，由会计人员逐笔登记。如果同一行内借方、贷方都有记录，表明该项经济业务已处理完毕。如果只有借方记录没有贷方记录，则表示该项经济业务还未结束。材料采购明细分类账的账页格式，如表 3-13 所示。

表 3-13　材料采购明细分类账的账页格式

物资名称或类别：　　　　　　　　　　　　　　　　　　　　　　　　　第　　页

年		凭证		摘要	借方金额			贷方金额	余额
月	日	字	号		买价	采购费用	合计		

（5）卡片式账簿

卡片式账簿是一种将发散的卡片放在卡片箱中可随取随放的账簿。

采用这种账簿，灵活方便，记录的内容详细具体，可以跨年度使用，无须更换账页，便于分类汇总和排列。但这种账簿的账页容易散失和被抽换，会计人员在使用时，应在卡片上连续编号。卡片式账簿一般适合账页随着物资使用或存放地点的转移需重新排列的明细账，如固定资产登记卡（见表3-14）。

表 3-14　固定资产登记卡

总账科目：　　　　　　　　　　　　　　本卡编号：
明细科目：　　　　　　　　　　　　　　财产编号：

中文名称			抵押权设定、解除及保险记录	抵押行库				
英文名称				设定日期				
规格型号				解除日期				
厂牌号码				险别				
购置日期				承保公司				
购置金额				保单号码				
存放地点				投保日期				
耐用年限				费率				
附属设备				保险费				
				备注				

移　动　情　形											
年	月	日	使用部门	用途	保管员	年	月	日	使用部门	用途	保管员

维修情况	年	月	日	原因
				填表注意事项： 　1.本卡适用于机械设备、运输设备、机电设备，由管理部门填制（如有需要可复印一份送使用部门） 　2.本卡的编号由保管部门填写 　3.附属设备栏应填写名称、规格及数量

3.1.6.2　常用科目的明细分类账设置及账页格式

常用科目的明细分类账设置及账页格式如表 3-15 所示。

表 3-15　常用科目的明细分类账设置及账页格式

总账科目	明细分类账页格式	总账科目	明细分类账页格式
库存现金	日记账	其他应付款	三栏式
银行存款	日记账	长期借款	三栏式
其他货币资金	三栏式	实收资本	三栏式
资金票据	三栏式	资本公积	三栏式
应收账款	三栏式	盈余公积	三栏式
其他应收款	三栏式	本年利润	不设明细账
材料采购	三栏式（专用多栏式）	利润分配	三栏式
原材料	数量金额式	生产成本	专用多栏式
库存商品	数量金额式	制造费用	普通多栏式
长期待摊费用	三栏式	主营业务收入	普通多栏式
固定资产	卡片式	其他业务收入	普通多栏式
累计折旧	不设明细账	营业外收入	普通多栏式
短期借款	三栏式	营业税金及附加	普通多栏式
应付票据	三栏式	销售费用	普通多栏式
应付账款	三栏式		

3.1.7　备查账簿的设置

备查账簿也称备查簿、备查登记簿或辅助账簿，是对序时账簿和分类账簿等未能记载或记载不全的经济业务进行的补充登记。

企业根据实际需要，可以灵活设计备查账簿。

（1）所有权不属于企业但由企业暂时使用或代为保管的财产物资，应设置相应的备查账簿，如租入固定资产登记簿、受托加工材料登记簿、代销商品登记簿等。

（2）对同一业务进行多方登记的备查账簿，一般适合大宗、贵重物资，如固定资产保管登记卡、使用登记卡等。

（3）出于管理需要，可以设置备查簿反映某些事项，如经济合同执行情况记录、贷款还款情况记录、重要空白凭证记录等。

有关备查账簿的示例如表 3-16、表 3-17 和表 3-18 所示。

表 3-16 应收票据备查登记簿

种类	号数	出票日期	出票人	票面金额	到期日期	利率	付款人	承兑人	背书人	贴现			收回		注销	备注
										日期	贴现率	贴现额	日期	金额		

表 3-17 租入固定资产登记簿

资产名称	规格	合同号	租出单位	租入日期	租期	租金	使用地点	备注

表 3-18 委托加工材料登记簿

计量单位：

材料名称	规格	合同号	委托单位	接收数量	成品名称	消耗定额	预计成品量	接收日	加工日	完工日	完工量	交付日期	加工费用	其他	备注

3.1.8 企业账簿的选择

会计账簿有订本式、活页式、卡片式三种。订本式账簿可防止账页散失和被随意抽换；活页式账簿的账页可随时增添或抽取，避免浪费；卡片式账簿具有活页式账簿的优点，但容易散失，必须严加管理。

企业应设置何种账簿，要视企业规模大小、经济业务的复杂程度、会计人员分工、采用的核算形式以及记账的机械化程度等因素而定。

表 3-19 列示了不同情况下账簿的选择。

表 3-19　不同情况下账簿的选择

企业特点	采用的核算形式	设置的账簿
小规模企业（小规模纳税人）	记账凭证核算形式	现金日记账、银行存款日记账；固定资产、材料、费用明细账；总账
	日记总账核算形式	序时账；日记总账；固定资产、材料明细账
大中型企业（一般纳税人）	科目汇总表核算形式，汇总记账凭证核算形式	序时账；固定资产、材料、应收（付）账款、其他应收应付款、长（短）期投资、实收资本、生产成本、费用等明细账；总账（购货簿、销货簿）
收付款业务多、转账业务少的大中型企业	多栏式日记账核算形式	四本多栏式日记账；明细分类账；总账（购货簿、销货簿）
收付款业务多、转账业务也多的大中型企业	多栏式日记账兼汇总转账凭证核算形式	四本多栏式日记账；其他账簿
转账业务较少的大中型企业	科目汇总表兼转账日记账核算形式	序时账簿；必要的明细账、转账日记账；总账

3.1.9 年初建账的基本方法

在实际工作中，并不是所有的账簿都需要在年初重新建立。

3.1.9.1 年初新建账簿

年初需新建的账簿主要有：

（1）总账。

（2）日记账，包括现金日记账和银行存款日记账等。

（3）三栏式明细账，如实收资本明细账、短期借款明细账、长期借款明细账、资本公积明细账等。

（4）收入、费用（损益类）明细账。

上述账簿必须每年更换一次，即在年初重新建账，方法如表 3-20 所示。

表 3-20　年初重新建账的方法

序号	账簿	建账方法
1	总账	（1）根据所开账户往年登记的经济业务量大小，保留足够数量的页码，逐一开设账户，建立新账 （2）将上年该账户的余额直接抄在新账户第一页的首行，也就是直接"过账"。同时，在摘要栏内注明"上年结转"或"年初余额"字样，不必填制记账凭证 （3）所开账户较多的企业，应在各个账户首页的上面贴上口取纸，注明所开账户的名称（会计科目），以便于使用者查阅
2	日记账	（1）将现金日记账和银行存款日记账上年的期末余额作为本年期初余额直接登记在新账首页的第一行 （2）日期栏内写上"1月1日" （3）摘要栏内写上"上年结转"或"期初余额"字样 （4）将现金实有数或上年年末银行存款账面数填在余额栏内 （5）不必填制记账凭证
3	三栏式明细账	（1）对于这类账簿，在上年年末结出余额，本年按明细建账 （2）在账页相应栏次如日期、摘要、借或贷及余额的空白第一行分别填上"1月1日""上年结转""借（或贷）"及具体金额 （3）若企业三栏式明细账账簿的明细项目较多，应在各个账户首页的上面贴上口取纸，注明所开明细账的名称（明细会计科目），以便于使用者查阅
4	收入、费用明细账	（1）对于该类账簿，企业可以根据实际情况开设 （2）收入、支出（费用）业务较多的企业，可分别开设"收入明细账"和"支出明细账"（或"费用明细账"） （3）对于某项收入或费用较多的企业，也可以为该项收入或费用单设账簿，如"营业收入明细账""费用明细账""制造费用明细账"等 （4）若企业收入、费用明细账账簿的明细项目较多，也应在各个账户首页的上面贴上口取纸，注明所开明细账的名称（明细会计科目），以便于使用者查阅

3.1.9.2　可跨年使用的账簿

（1）卡片式账簿，如固定资产卡片等。

（2）数量金额式明细账，如仓库保管员登记的材料明细账、库存商品明细账等。

（3）备查账簿，如租入固定资产备查账簿、受托加工材料物资备查账簿等。这些账簿主要记录跨年租赁业务或受托加工业务的会计信息。为了便于管理，该类账簿可以连续使用。

（4）债权债务明细账（也称往来明细账）。一些企业的债权债务较多，如果更换一次新账，工作量较大，因此该类账簿可以跨年使用，不必每年更换。但是，如果债权债务尚未结算，企业应及时将未结算的债权债务转入下年新设的"债权债务明细账"中。

3.2 记账

3.2.1 借贷记账法

根据相关财经法规的规定，企业在记账时应采用借贷记账法，即以"借""贷"为记账符号，记录经济业务的内容。

3.2.1.1 账户结构

借贷记账法把账户分为左右两方，左方称为"借方"，右方称为"贷方"，用以登记增加或减少的金额。至于哪一方登记增加数、哪一方登记减少数，则由账户的性质决定。注意，账户左右两方必须进行相反的登记，即一方登记增加数，另一方登记相对应的减少数。

> **提醒您**
>
> 资产类和成本费用类账户的借方登记增加额，贷方登记减少额。而负债类、所有者权益类和收入类账户的借方则登记减少额，贷方登记增加额。

在一定时期内，每个账户借方和贷方所登记的金额合计数，叫本期发生额，分为本期借方发生额和本期贷方发生额。一定时期末结出的账户余额，称为期末余额，用来反映某一账户本期资金增减变动的结果。期末余额分为借方余额和贷方余额两种。

各类账户的基本结构及期末余额计算如表 3-21 所示。

表 3-21 账户结构

账户类别	借方	贷方	期末余额	期末余额计算
资产类	增加额	减少额	通常有余额，在借方	期末余额 = 期初余额 + 本期借方发生额 - 本期贷方发生额
负债类	减少额	增加额	通常有余额，在贷方	期末余额 = 期初余额 + 本期贷方发生额 - 本期借方发生额
所有者权益类	减少额	增加额	通常有余额，在贷方	期末余额 = 期初余额 + 本期贷方发生额 - 本期借方发生额
成本费用类	增加额	减少额	如果有余额，在借方	期末余额 = 期初余额 + 本期借方发生额 - 本期贷方发生额
收入类	减少额	增加额	收入金额从该账户借方转入本年利润账户的贷方，因此没有余额	无余额，不用计算

3.2.1.2　记账依据

借贷记账法以"资产＝负债＋所有者权益"这一会计恒等式作为记账的依据。该等式也是记账、试算平衡、制作会计报表的基础。等式两边的要素同时增加或减少。在负债不变的前提下，资产与所有者权益同增同减。

需要注意的是，该等式并没有忽略收入、费用和利润，这三者也存在一个等式：利润＝收入－费用。到了会计期末，利润要按照规定进行分配，所剩的部分归入所有者权益。因此，会计恒等式实质上概括了各个会计要素的总体关系。

3.2.1.3　记账要求

"有借必有贷，借贷必相等"是会计记账的基本要求。

（1）每一笔经济业务必须同时记录到两个或两个以上相互联系的账户中。

（2）每一笔经济业务必须做借贷相反的分录。

（3）借贷双方的金额必须相等，且合计金额也必须相等。

会计人员在记账时，可参照以下程序，如图3-3所示。

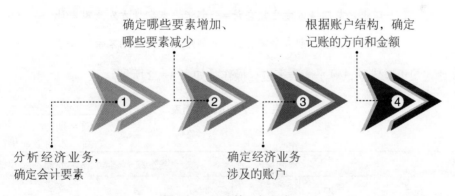

确定哪些要素增加、哪些要素减少　①　②　③　④　根据账户结构，确定记账的方向和金额

分析经济业务，确定会计要素　确定经济业务涉及的账户

图3-3　记账的一般程序

3.2.1.4　制作会计分录

会计分录是标明某项经济业务应借、应贷账户及金额的记录。企业采用借贷记账法记录各项经济业务时，应制作相应的会计分录。

【实例1】▶▶

会计分录（采购材料）

企业采购一批原材料，价款为20000元，以银行存款支付。

这项经济业务使资产类账户"原材料"增加20000元，同时使资产类账户"银行存款"减少20000元，根据借贷记账法的要求，制作会计分录：

借：原材料　　　　　　　　　　　　　　　　　　　20000

　　贷：银行存款　　　　　　　　　　　　　　　　　20000

企业以现金缴纳税金2600（13%的增值税率）元。此项业务使资产类账户"现金"减少2600元，同时使负债类账户"应交税费"增加2600元，制作会计分录：

借：应交税费——应交增值税（进项税额）　　　　　2600

　　贷：现金　　　　　　　　　　　　　　　　　　　2600

3.2.1.5　试算平衡

在借贷记账法下，遵循了"有借必有贷，借贷必相等"的规则，因此，在一定的会计期间，所有账户的借方、贷方发生额必须平衡，借方、贷方期末余额也必须平衡。通过对相关账户进行汇总计算，来检查账户的记录是否准确、完整，这个过程就是试算平衡。

试算平衡公式为：

全部账户本期借方发生额合计=全部账户本期贷方发生额合计

全部账户的借方期末余额合计=全部账户的贷方期末余额合计

会计人员可以借助试算平衡表来进行操作，如表3-22所示。

表3-22　试算平衡表

年　　月　　　　　　　　　　　　　　单位：元

账户名称	期初余额		本期发生额		期末余额	
	借方	贷方	借方	贷方	借方	贷方
合计						

提醒您

　　如果试算不平衡，说明账户的记录肯定有错误。如果试算平衡，也不能说明记录或计算没有错误。因为有些错误，如账户错记、漏记、方向记反等，并不影响借贷双方的平衡。

3.2.2　登记分类法

　　各类日记账由出纳负责登记，会计人员主要负责对其进行检查与监督，并在月末根据日记账的合计数登记总账。

3.2.2.1　登记明细分类账

（1）三栏式明细分类账

　　三栏式明细分类账的账页中只设借方、贷方和余额三栏，反映经济业务的价值信息，如应收账款、应付账款、短期借款等。应根据审核后的记账凭证，按照经济业务发生的时间顺序进行登记。

提醒您

　　固定资产、债权、债务等明细账必须逐日逐笔登记。其他明细账如库存商品、原材料等可以逐笔登记，也可定期汇总登记。

　　以下是几种明细分类账的示例，如表 3-23 ~ 表 3-25 所示。

表 3-23　明细分类账（一）

总账科目：_____
明细科目：_____固定资产_____　　　　　　　　　　　　第　　页

2025 年		凭证		摘要	借方	贷方	借或贷	余额
月	日	字	号					
				期初余额			借	20000
1	23		12	购买固定资产	50000			
1	24		13	盘盈固定资产	30000			
				本月合计	80000		借	100000

表 3-24 明细分类账（二）

总账科目：_____

明细科目：_____库存商品_____   第   页

2025 年		凭证		摘要	借方	贷方	借或贷	余额
月	日	字	号					
				期初余额			借	30000
1	24		31	购入商品	30000			
1	25		32	盘亏库存商品		3000		
1	31		33	结转已销商品成本		12000		
				本月合计	30000	15000	借	45000

表 3-25 明细分类账（三）

总账科目：_____

明细科目：_____管理费用_____   第   页

2025 年		凭证		摘要	借方	贷方	借或贷	余额
月	日	字	号					
3	1			期初余额			平	0
3	24		31	报销差旅费	5000			
3	25		32	支付维修费	100			
3	25		33	购入办公用品	500			
3	27		34	餐饮费	800			
3	29		35	计提折旧	1000			
3	29		36	分配工资	80000			
3	30		37	计提福利费	30000			
3	31		38	将成本转入本年利润		117400		
3	31			本月合计	117400	117400	平	0

（2）多栏式明细分类账

多栏式明细分类账是将属于同一个总账科目的各个明细科目合并在一张账页上进行登记，即在借方或贷方金额栏内按照明细项目设若干专栏，通常用于收入、成本、费用、利润等的核算。

> **提醒您**
>
> 在实际工作中，成本费用类科目的明细账，可以只按借方发生额设置专栏，贷方发生额由于每月发生的次数很少，在借方直接用红字冲销。

管理费用多栏式明细分类账示例如表 3-26 所示。

表 3-26　管理费用明细分类账

明细科目：　　管理费用　　　　　　　　　　　　　　　　第　　页

2025年		凭证		摘要	借方	贷方	余额		借方						
月	日	字	号				方向	金额	差旅费	修理费	办公费	工资福利	水电费	折旧费	其他
1	1			期初余额			平	0							
1	24	31		报销差旅费	1000		借	1000	1000						
1	25	32		支付维修费	100		借	1100		100					
1	25	33		购入办公用品	200		借	1300			200				
1	27	34		发放工资	50000		借	51300				50000			
1	29	35		计提福利费	20000		借	71300				20000			
1	29	36		本月水电费	1000		借	72300					1000		
1	30	37		计提折旧	5000		借	77300						5000	
1	31	38		结转入本年利润		77300	平	0							
1	31			本月合计	77300	77300	平	0	1000	100	200	70000	1000	5000	

（3）数量金额式明细账

数量金额式明细账的账页设有收入、发出和结存三大栏，且在每一大栏下又设有数量、单价和金额三个小栏。

原材料的数量金额式明细账如表 3-27 所示。

表 3-27　原材料数量金额式明细账

第　　页

类别：　　　　　　　　　　　　　　　　名称：
规格：　　　　　　　　　　　　　　　　计量单位：
存放地点：　　　　　　　　　　　　　　储备定额：

年		凭证		摘要	收入			发出			结存		
月	日	字	号		数量	单价	金额	数量	单价	金额	数量	单价	金额

3.2.2.2　登记总分类账

总分类账可以根据记账凭证逐日逐笔登记，也可以定期或分期汇总登记。通常情况下，总账采用三栏式的订本账，具体的登记要点如表 3-28 所示。

表 3-28　总账的登记要点

序号	栏目	登记要点
1	日期栏	（1）如果逐日逐笔登记，应填写业务发生的具体日期 （2）如果汇总登记，则应填写汇总凭证的日期
2	凭证字、号栏	填写总账登记所依据凭证的字和号： （1）如果依据记账凭证登记，应填写记账凭证的字和号 （2）如果依据科目汇总表登记，应填写"科汇"字及编号 （3）如果依据汇总的记账凭证登记，应填写"现（银）汇收"字及编号、"现（银）汇付"字及编号、"汇转"字及编号 （4）如果依据多栏式日记账登记，可填写日记账的简称，如现收账、现支账等
3	摘要栏	填写所依据凭证的简要内容： （1）如果依据记账凭证登记，应与记账凭证中的摘要内容一致 （2）如果依据科目汇总表登记，应填写"某月科目汇总表"或"某月某日科目汇总表"字样 （3）如果依据汇总记账凭证登记，应填写依据第几号至第几号记账凭证 （4）如果依据多栏式日记账登记，应填写日记账的详细名称
4	借方、贷方栏	分别填写所依据凭证上记载的各总账账户的借方或贷方发生额

续表

序号	栏目	登记要点
5	借或贷栏	（1）登记余额的方向，如余额在借方，则填写"借"字；如余额在贷方，则填写"贷"字 （2）如果期末余额为0，则填写"平"字
6	余额	填写具体的余额，如果没有则填0

三栏式总账的示例，如表 3-29～表 3-34 所示。

表 3-29 总分类账（一）

总账科目：＿＿＿＿库存现金＿＿＿＿＿＿＿＿＿＿＿　　　　　　　　　第　页

2025 年		凭证字、号	摘要	借方	贷方	借或贷	余额
月	日						
1	1		期初余额			借	20000
1	31	现汇收 10	汇 1～20 号凭证	50000	40000	借	30000

表 3-30 总分类账（二）

总账科目：＿＿＿＿应收账款＿＿＿＿＿＿＿＿＿＿＿　　　　　　　　　第　页

2025 年		凭证字、号	摘　要	借方	贷方	借或贷	余额
月	日						
1	1		期初余额			借	200000
1	31	现汇收 30	汇 1～40 号凭证	10000	40000	借	170000

表 3-31 总分类账（三）

总账科目：＿＿＿＿应付账款＿＿＿＿＿＿＿＿＿＿＿　　　　　　　　　第　页

2025 年		凭证字、号	摘要	借方	贷方	借或贷	余额
月	日						
1	1		期初余额			贷	200000
1	31	现汇收 20	汇 1～40 号凭证	100000	50000	贷	150000

表 3-32　总分类账（四）

总账科目：＿＿＿＿＿主营业务收入＿＿＿＿＿　　　　　　　　　　　　　第　　页

2025 年		凭证字、号	摘要	借方	贷方	借或贷	余额
月	日						
1	31	现汇收 40	汇 1～40 号凭证	100000	100000	平	0

表 3-33　总分类账（五）

总账科目：＿＿＿＿＿主营业务成本＿＿＿＿＿　　　　　　　　　　　　　第　　页

2025 年		凭证字、号	摘要	借方	贷方	借或贷	余额
月	日						
1	31	现汇收 50	汇 1～40 号凭证	50000	50000	平	0

表 3-34　总分类账（六）

总账科目：＿＿＿＿＿利润分配＿＿＿＿＿＿　　　　　　　　　　　　　第　　页

2025 年		凭证字、号	摘要	借方	贷方	借或贷	余额
月	日						
1	1		期初余额			贷	200000
1	31	现汇收 70	汇 1～40 号凭证	100000	50000	贷	150000

3.2.2.3　总账与明细账的平行登记

由于总账与明细账反映的是相同的经济业务，因此，为了便于账户核对，总账与明细账必须平行登记。

所谓平行登记，是指经济业务发生后，一方面登记有关的总分类账户，另一方面登记该总分类账户所属的明细分类账户，登记要点如表 3-35 所示。

表 3-35　平行登记的要点

序号	登记要求	要点提示
1	依据相同	对于各项经济业务，必须根据审核无误的同一会计凭证记账
2	同时登记	（1）必须在同一会计期间进行登记 （2）既要在总分类账中进行登记，又要在该总分类账所属的明细分类账中进行登记
3	借贷方向相同	对于各项经济业务，总账与明细账登记的借贷方向必须一致
4	登记金额相等	记入总账中的金额，必须与各明细分类账中的金额合计数相等

【实例 2】▶▶▶

总账与明细账平行登记

2025 年 1 月，企业发生了以下经济业务，在记账前进行了简单的处理。

（1）1 月 12 日，从 E 工厂购入 A 材料 5 吨，单价 200 元，共计 1000 元；从 F 工厂购入 B 材料 4 吨，单价 500 元，共计 2000 元。两种材料已经验收入库，货款尚未支付。会计人员编制简易的会计分录：

借：原材料——A 材料　　　　　　　　　　　　　　　　　　1000
　　　　——B 材料　　　　　　　　　　　　　　　　　　2000
　贷：应付账款——E 工厂　　　　　　　　　　　　　　　　1000
　　　　——F 工厂　　　　　　　　　　　　　　　　　　2000

（2）1 月 14 日，用银行存款支付欠 E 工厂的货款 1000 元、F 工厂的货款 2000 元。会计人员制作简易的会计分录：

借：应付账款——E 工厂　　　　　　　　　　　　　　　　　1000
　　　　——F 工厂　　　　　　　　　　　　　　　　　　2000
　　贷：银行存款　　　　　　　　　　　　　　　　　　　　3000

（3）1 月 19 日，制造车间领用 A 材料 4 吨，金额为 800 元；领用 B 材料 4 吨，金额为 2000 元。会计人员编制简易的会计分录：

借：生产成本　　　　　　　　　　　　　　　　　　　　　　2800
　贷：原材料——A材料　　　　　　　　　　　　　　　　　　800
　　　　——B材料　　　　　　　　　　　　　　　　　　2000

经查，企业的各类账户余额为：

（1）原材料总账账户为借方余额 6000 元。A 材料的明细账户，结存 10 吨，单位成本为 200 元，余额为 2000 元。B 材料的明细账户，结存 8 吨，单位成本为 500 元，余额为 4000 元。

（2）应付账款总账账户为贷方余额 8000 元。E 工厂的明细账户，贷方余额为 3000 元；F 工厂的明细账户，贷方余额为 5000 元。

根据账户平行登记的要求，将上述经济业务在原材料、应付账款的总账账户及所属的明细账户中进行登记，如下所示。

总分类账（一）

总账科目：　　原材料　　　　　　　　　　　　　　　　第　　页

2025 年		凭证字、号	摘要	借方	贷方	借或贷	余额
月	日						
1	1		期初余额			借	6000
1	12	转字第 10 号	购买原材料，货款未付	3000		借	9000
1	19	记字第 11 号	领用原材料		2800	借	6200
1	31		本月合计	3000	2800	借	6200

总分类账（二）

总账科目：　　应付账款　　　　　　　　　　　　　　　第　　页

2025 年		凭证字、号	摘要	借方	贷方	借或贷	余额
月	日						
1	1		期初余额			贷	8000
1	12	转字第 10 号	购买原材料，欠货款		3000	贷	11000
1	14	转字第 11 号	偿还所欠货款	3000		贷	8000
1	31		本月合计	3000	3000	贷	8000

原材料明细账（一）

第　　页

名称：A 材料　　　　　　　　　　　　　　　　"数量"计量单位：吨

2025 年		凭证字、号	摘要	收入			发出			结存		
月	日			数量	单价	金额	数量	单价	金额	数量	单价	金额
1	1		期初余额							10	200	2000
1	12	记字第 10 号	购买原材料	5	200	1000				15	200	3000
1	19	记字第 11 号	生产领料				4	200	800	11	200	2200
1	31		本月合计	5	200	1000	4	200	800	11	200	2200

原材料明细账（二）

第　页

名称：B材料

"数量"计量单位：吨

2025年		凭证字、号	摘要	收入			发出			结存		
月	日			数量	单价	金额	数量	单价	金额	数量	单价	金额
1	1		期初余额							8	500	4000
1	12	记字第20号	购买原材料	4	500	2000				12	500	6000
1	19	记字第21号	生产领料				4	500	2000	8	500	4000
1	31		本月合计	4	500	2000	4	500	2000	8	500	4000

应付账款明细账（一）

第　页

账户名称：E工厂

2025年		凭证字、号	摘要	借方	贷方	借或贷	余额
月	日						
1	1		期初余额			贷	3000
1	12	转字第10号	购买原材料，欠货款		1000	贷	4000
1	14	转字第11号	偿还所欠货款	1000		贷	3000
1	31		本月合计	1000	1000	贷	3000

应付账款明细账（二）

第　页

账户名称：F工厂

2025年		凭证字、号	摘要	借方	贷方	借或贷	余额
月	日						
1	1		期初余额			贷	5000
1	12	转字第10号	购买原材料，欠货款		2000	贷	7000
1	14	转字第11号	偿还所欠货款	2000		贷	5000
1	31		本月合计	2000	2000	贷	5000

为了检查账户是否完整、准确，使用试算平衡表进行计算，如下所示。

原材料试算平衡表

2025 年 1 月   单位：元

明细账户	期初余额		本期发生额		期末余额	
	借方	贷方	借方	贷方	借方	贷方
A 材料	2000		1000	800	2200	
B 材料	4000		2000	2000	4000	
合计（总账）	6000		3000	2800	6200	

应付账款试算平衡表

2025 年 1 月   单位：元

明细账户	期初余额		本期发生额		期末余额	
	借方	贷方	借方	贷方	借方	贷方
E 工厂		3000	1000	1000		3000
F 工厂		5000	2000	2000		5000
合计（总账）		8000	3000	3000		8000

3.3 结账、对账及错账更正

在日常的会计业务中，结账、对账和错账更正是一项重要的工作。

3.3.1 结账

结账是指把一定时期内发生的全部经济业务登记入账，计算并记录本期发生额和期末余额。

3.3.1.1 结账方式

根据结账时间的不同，结账方式可分为定期结账和不定期结账。定期结账是依据一定的时间段如月度、季度、年度等进行结算。不定期结账主要是针对一些需要及时清理的账务，如日记账要按日结出余额。

3.3.1.2 结账程序

结账的一般程序如图 3-4 所示。

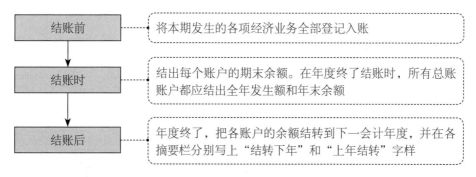

图 3-4 结账的一般程序

3.3.1.3 结账方法

结账的方法有以下几种。

（1）日结账

① 每日业务终了，出纳员逐笔、序时地登记现金日记账和银行存款日记账，并结出本日结余额。现金日记账与当日库存现金应核对一致。

② 对于收入日记账和支出日记账，出纳员在每日终了按规定登记入账，并结出当日收入合计数和当日支出合计数，然后将支出日记账中当日支出合计数转入收入日记账中的当日支出合计栏内，在此基础上再结出当日账面余额。

（2）月结账

月结账是以一个月为结账周期，每个月月末对本月的经济业务进行总结。

① 在每个月底，要采用画线结账的方法进行结账，即在各账户最后一笔账的下一行结出本期发生额和期末余额，并在"摘要"栏内注明"本月合计"字样。

② 月末如无余额，应在"借或贷"一栏中注明"平"，在"余额"栏中填写"0"，并划上一条红线。

③ 对需逐月结算本年累计发生额的账户，应逐月计算年初至本月的累计发生额，并登记在月结的下一行，同时在"摘要"栏内注明"本月合计"字样，如表3-36所示。

表 3-36 银行存款日记账（1）

第 1 页
开户银行 工商银行××支行
账 号 068×××××××

2024年		凭证字号	银行凭证	摘要	对方科目	借方金额	贷方金额	借或贷	余额
月	日								
12	1			期初余额				借	3167000 00
12	7	银付3	支2011	提现备用	库存现金		300000	借	3137000 00
12	8	银收4	支票	收到前欠货款	应收账款	2000000 0		借	5137000 00
12	18	银付9	托收	支付水电费	制造费用等		320000 0	借	4817000 00
12	21	银付11	支2027	提现备发工资	库存现金		3840000	借	977000 00
12	31			本月合计		2000000 0	4190000 0		

075

（3）季结账

① 办理季结的，应在各账户每季度最后一个月的月结下划一条通栏红线，表示本季结束。

② 在红线下结算出本季发生额和季末余额，并在"摘要"栏内注明"本季合计"字样，最后，在"摘要"栏下划一条通栏红线，表示季结工作已完成。

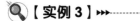 **【实例 3】** ▶▶▶ --

某公司 3 月的银行存款日记账

某公司 3 月的银行存款日记账如下所示。

银行存款日记账

单位：元

2025 年 月	2025 年 日	凭证字号	摘要	对方科目	借方	贷方	余额
3	1		期初余额				696640.00
3	20		1～20 日		483100.00	307500.00	872240.00
3	21	银收 54	向银行借款	短期借款	200000.00		1072240.00
3	21	银付 68	购进运输卡库	固定资产		234000.00	838240.00
3	21	银付 69	提现备用	现金		1000.00	837240.00
3	21	银付 70	用支票支付电话费	管理费用		5110.00	832130.00
3	22	银付 71	购进材料	原材料		234000.00	598130.00
3	22	银付 72	付一季度贷款利息	预提费用		12000.00	586130.00
3	23	银付 73	代垫销售运杂费	应收账款		1450.00	584680.00
3	23	银付 74	偿还上月购料款	应付账款		306000.00	278680.00
3	25	银付 75	支票支付广告费	营业费用		1900.00	276780.00
3	27	银收 55	收回销货款	应收账款	586450.00		863230.00
3	31		本月合计		1269550.00	1102960.00	863230.00
3	31		本季合计		4156600.00	3990010.00	863230.00

（4）年结账

年结账是以一年为周期，对本年度的各项经济业务进行总结。

① 在年末，将全年的累计发生额登记在 12 月份合计数的下一行，并在"摘要"栏内

注明"本年合计"字样，同时在下面划一条通栏双红线。

② 对于有余额的账户，将余额结算到下一年，并在年结数下一行的"摘要"栏内注明"结转下年"字样。

③ 在下一年新账页第一行的"摘要"栏内注明"上年结转"字样，并把上年年末余额数填写在"余额"栏内，如表 3-37 所示。

表 3-37　银行存款日记账（2）

第 1 页
开户银行　工商银行 ×× 支行
账　号　068×××××××

2025年 月/日	凭证字号	银行凭证	摘要	对方科目	借方金额	贷方金额	借或贷	余额	√
1 / 1			上年结转				借	3 1 6 7 0 0 0 0	
1 / 7	银付3	支2011	提现备用	库存现金		3 0 0 0 0 0	借	3 1 3 7 0 0 0 0	
1 / 8	银收4	支票	收到前欠货款	应收账款	2 0 0 0 0 0 0 0		借	5 1 3 7 0 0 0 0	
1 / 18	银付9	托收	支付水电费	制造费用等		3 2 0 0 0 0 0	借	4 8 1 7 0 0 0 0	
1 / 21	银付11	支2027	提现备发工资	库存现金		3 8 4 0 0 0 0 0	借	9 7 7 0 0 0 0	
1 / 31			本月合计		2 0 0 0 0 0 0 0	4 1 9 0 0 0 0 0			

3.3.1.4　实行会计电算化的结账

实行会计电算化的企业，每月月底都需要进行结账，不仅要结转各账户的本期发生额和期末余额，还要进行一系列电算化处理，如检查会计凭证是否全部登记入账并审核、试算是否平衡等。与手工结账相比，电算化结账更加规范，全部由计算机自动完成。会计电算化结账的注意事项如图 3-5 所示。

事项一　由于结账后不能再输入和修改该月的凭证，所以使用会计软件结账时，应指定专人负责，以防其他人员误操作

事项二　结账前应检查该月的所有凭证是否均已记账、结账日期是否正确、相关模块的数据是否传递完毕，以及结账条件是否完备。只有本期输入的会计凭证全部登记入账才允许结账。需要注意的是，一个月可以记账数次，但只能结账一次

事项三　结账必须逐月进行，上月未结账，本月也不允许结账。若结账成功，则作出月结标志，之后不能再输入该月的凭证以及记该月的账；若结账不成功，则恢复到结账前的状态，同时给出提示信息，要求用户作出相应的调整

图 3-5

| 事项四 | 年底结账时，系统自动产生下一年度的空白数据文件（即数据结构文件），并结转年度余额，同时对"固定资产"等会计文件做跨年度连续使用的处理 |

| 事项五 | 因年终会计工作需要，会计软件允许在上年度未结账的情况下输入本年度一月份的凭证；企业可以根据具体情况，将结账环境设置为：在上年度未结账的情况下不允许输入本月的凭证 |

| 事项六 | 结账前应进行数据备份，以便结账不正确时可以恢复重做 |

图 3-5 会计电算化结账的注意事项

3.3.2 对账

对账即核对账目，就是对账簿所记录的各项数据进行检查，以确保会计记录的真实性与可靠性。

3.3.2.1 对账的内容

对账主要包括账证核对、账账核对、账实核对和账表核对。

（1）账证核对

账证核对是指将账簿记录与相关的原始凭证或记账凭证进行核对。凭证与账簿记录的时间、数量、金额、会计科目、记账方向等应该相符。对账的方法主要有：

① 核对总账与记账凭证汇总表是否相符。

② 核对记账凭证汇总表与记账凭证是否相符。

③ 核对明细账与记账凭证及所涉及的支票号码、结算票据种类等是否相符。

（2）账账核对

账账核对就是在账证核对的基础上，对有关账簿进行核对，具体内容如表 3-38 所示。

表 3-38 账账核对的内容

序号	对账内容	具体要求
1	总账之间	（1）核对总账各账户的余额合计数是否一致 （2）核对总账各账户的借方发生额与贷方发生额是否一致
2	总账与明细账	（1）核对总账发生额与明细账发生额总数是否相等 （2）核对总账与明细账各账户的期初、期末余额是否相等
3	总账与日记账	定期核对现金日记账、银行存款日记账余额与总账有关账户的余额是否相符
4	财务账与有关部门的账、卡	核对财务部门有关财产、物资明细账的余额与保管、使用部门管理的账、卡余额是否一致

有关债权、债务的明细账，也要定期与债务人、债权人核对。

（3）账实核对

账实核对是对各类财产物资的账面余额与实存数额进行核对，具体内容包括：

① 核对现金日记账的账面余额与库存现金的实存数。发生长短款时，应列作待处理财产损益，查明原因并经批准后再进行处理。

② 核对银行存款日记账余额与开户银行对账单余额。每收到一张对账单，都应在3日内核对完毕。每月应编制一次银行存款余额调节表。

③ 核对各类财产明细账的余额与具体的实存数。

④ 核对各种应收、应付账款明细账的余额与对应的债务人及债权人。

（4）账表核对

账表核对是指对会计账簿的记录与会计报表有关内容进行核对。由于会计报表是基于各类会计账簿及相关资料编制而成的，因此核对账表数据是否相符也是重要的对账工作。

3.3.2.2　对账的方法

会计人员在对账时，应重点对各类账户记录进行核对，常见的对账方法如下。

（1）差额法

差额法是指根据错账的差额，检查所登记的会计账簿、凭证中是否有错误。通过差额法可以查出简单的漏记、重记。

（2）顺查法

顺查法是按照记账的顺序，从原始凭证、账簿到会计报表进行检查。首先，检查记账凭证与原始凭证的内容、金额等是否一致。然后，将记账凭证依次与日记账、明细账、总分类账逐笔进行核对。最后，将记账凭证与会计报表进行核对。

通过顺查法，可以发现科目重记、漏记、错记及金额错记等，且结果精确、方法简单。但是，该方法费时费力，不适合专项查账或按业务分工查账。

（3）逆查法

逆查法又称倒查法，与顺查法相反，是从审阅、分析报表着手，根据发现的问题和疑点，先确定查找重点，再核对有关的账簿和凭证。

逆查法比顺查法的检查范围小，而且有一定的核查重点，能够节省查账的时间和精力。但是，由于逆查法不是全面而有系统的检查，因此很难保证错账查找的准确度，不能完全揭露会计舞弊行为。如果查账人员经验不足，会出现较多的错误。

（4）偶合法

偶合法是根据账簿中经常出现的差错，推测与之有关的记录并进行查找的方法。这种方法主要适用于账户漏记、重记、错记的查找，具体说明如表 3-39 所示。

表 3-39　偶合法的具体说明

序号	差错类别	方　法	具体说明
1	漏记	总账一方漏记	在试算平衡时，借贷双方发生额不平衡，出现一个差额；在总账与明细账核对时，某一总账所属明细的借（或贷）方发生额合计数大于该总账的借（或贷）方发生额，也出现一个差额，这两个差额正好相等，而且在总账与明细账中有与这个差额相等的发生额记录，这说明总账的借（或贷）方漏记。也就是说，借或贷哪一方的数额小，漏记就在哪一方
		明细账一方漏记	这在总账与明细账核对时可以发现。总账已经试算平衡，但在进行总账与明细账核对时，发现某一总账借（或贷）方发生额大于所属各明细账借（或贷）方发生额之和，说明明细账一方可能漏记，可对该明细账的有关凭证进行检查
		整张记账凭证漏记	如果整张记账凭证漏记，则没有明显的错误特征，只能通过顺查法或逆查法逐笔查找
2	重记	总账一方重记	在试算平衡时，借贷双方发生额不平衡，出现一个差额；在总账与明细账核对时，某一总账所属明细的借（或贷）方发生额合计数小于该总账的借（或贷）方发生额，也出现一个差额，这两个差额正好相等，说明总账借（或贷）方重记。也就是说，借或贷哪一方的数额大，重记就在哪一方
		明细账一方重记	如果明细账一方重记，在总账与明细账核对时可以发现。总账已经试算平衡，与明细账核对时，某一总账借（或贷）方发生额小于所属明细账借（或贷）方发生额之和，说明明细账一方可能重记，可对该明细账有关的记账凭证进行检查
		整张记账凭证重记	如果整张记账凭证重记，则没有明显的错误特征，只能用顺查法或逆查法逐笔查找
3	记反账		记反账是指在记账时把发生额的方向弄错，将借方发生额记入贷方，或者将贷方发生额记入借方。总账一方记反账，则在试算平衡时借贷双方不平衡，会出现差额。这个差额是偶数，能被 2 整除，所得的商数在账簿上有记录，如果借方大于贷方，说明将贷方错记为借方；反之，则说明将借方错记为贷方。如果明细账记反了，而总账记录正确，可用总账与明细账核对法检查

3.3.2.3　实行会计电算化的对账

计算机对账与手工对账的原理和方法基本相同，但对账、核销已达账项以及编制银行存款余额调节表等工作基本由计算机自动完成。用计算机核对银行账，首先，将银行发来的对账单输入计算机的银行对账单库中；其次，由用户确定需对账的银行存款科目及对账方式；然后，由计算机自动将系统中存储的银行日记账记录按对账条件进行筛选，并将筛选结果输入银行日记账未达账库中；最后，在银行对账单库与日记账未达账库之间进行自动核对和核销，并生成银行存款余额调节表。

3.3.3 错账更正

会计人员在日常记账中如果出现错误，应按照规定的方法进行更正。此外，在对账后发现账簿记录有错误，也要及时更正。

3.3.3.1 划线更正法

出纳人员在登记账簿过程中，如发现文字或数字有错误，可采用划线更正法进行更正，即先在错误的文字或数字上划一条红线进行注销，然后在红线上方空白处填写正确的内容。在划线时应注意，原来的错误字迹应可辨认。更正后，要在划线的一端盖章，以示负责。

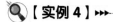 【实例4】▶▶▶---

填写错误的更正

梁某在记账过程中发现账簿记录中将金额"780"误写成"870"，更正时，首先将870全部用红线画掉，然后在红线上方空白处用蓝字写上780，并盖章，如下图所示。

填写错误的更正方法

 【实例5】▶▶▶---

记账错误的更正

某企业收到长明工厂交来的货款8792.00元，并存入银行存款账户。

（1）发现错误。更正前的银行存款日记账见下表。

更正前的银行存款日记账

2025年 月	日	凭证号	摘要	结算凭证	借方 万	千	百	十	元	角	分	贷方 万	千	百	十	元	角	分	余额 万	千	百	十	元	角	分
6	1		期初结存																6	0	0	0	0	0	0
			……																						
6	5	8	收到大明工厂结款			8	9	7	2	0	0														
			……																						
6	30		本月合计																						

（账簿文字错误）（账簿数字错误）

（2）更正错误。更正后的银行存款日记账如下表所示。

更正后的银行存款日记账

2025年 月	日	凭证号	摘要	结算凭证	借方 万	千	百	十	元	角	分	贷方 万	千	百	十	元	角	分	余额 万	千	百	十	元	角	分
6	1		期初结存																6	0	0	0	0	0	0
			……																						
6	5	8	长 收到大明工厂结款			8 ~~8~~	7 ~~9~~	9 ~~7~~	2 ~~2~~	0 ~~0~~	0 ~~0~~	印章													
			……																						
6	30		本月合计																						

要注意的是：文字错误时可以只更正个别错字，数字错误必须全部划线更正。

3.3.3.2 红字更正法

如果在当年内发现记账凭证的会计科目或金额存在错误，可以使用红字更正法更正。如果发现以前年度的记账凭证有错误（科目和金额）并导致账簿登记错误，应当用蓝字填制一张正确的记账凭证，更正因记账错误对利润产生的影响。

【实例6】▶▶▶

会计科目错误的更正（用红字）

记账时本应贷记"银行存款"科目，却误写为"库存现金"科目，更正方法如下。

（1）用红字金额填制一张与原错误分录相同的记账凭证，会计分录为：

借：其他应收款——李明 $\boxed{800}$

　　贷：库存现金 $\boxed{800}$

（2）用蓝字填制一张正确的记账凭证，会计分录为：

借：其他应收款——李明 800

　　贷：银行存款 800

（1）会计科目有误

先用红字填制一张与原错误完全相同的记账凭证，以红字登记入账，冲销原有的错误记录；然后再用蓝字填制一张正确的记账凭证，注明"更正×××年×月×日×号记账凭证"，并登记入账。

> **提醒您**
>
> 在记账凭证中，只有当实记金额大于应记金额时，才使用红字更正法，否则应使用补充登记法。

【实例7】

会计科目错误的更正（红字登记法）

企业购入10000元原材料，用银行存款支付，制作以下会计分录，并登记入账。

借：管理费用 10000

　　贷：银行存款 10000

会计人员发现错误后，先用红字填制一张与原记账凭证相同的凭证，并以红字登记入账，用来冲销原有的账簿记录，会计分录为：

借：管理费用 $\boxed{10000}$

　　贷：银行存款 $\boxed{10000}$

再用蓝字填制一张正确的记账凭证，并在摘要栏中注明"更正×××年×月×日×号记账凭证"，会计分录为：

借：原材料 10000

　　贷：银行存款 10000

（2）金额错误

金额错误的更正与会计科目稍有不同，只需将多记金额用红字填制一张与原记账凭证科目、方向相同的凭证，并在摘要栏内注明"冲销×××年×月×日×号记账凭证多记金额"，然后据以登记入账。

【实例 8】▶▶▶

金额错误的更正（红字登记法）

企业购入 1000 元原材料，用现金支付，制作以下会计分录，并登记入账。

借：原材料		10000
贷：库存现金		10000

发现错误后，用红字将多记金额编制记账凭证，并在摘要栏内注明"冲销×××年×月×日×号记账凭证多记金额"，会计分录为：

借：原材料		9000
贷：库存现金		9000

3.3.3.3 补充登记法

如果发现记账凭证中的会计科目没有错误，但是填写的金额小于实际金额，则可采用补充登记法进行更正。即将少记数额用蓝字填制一张记账凭证，并在摘要栏内注明"补充×××年×月×日×号记账凭证少记金额"，然后补充登记入账。

【实例 9】▶▶▶

金额误记的更正（补充登记法）

某企业通过开户银行收到某购货单位偿还的货款 18600 元，在填制记账凭证时，将金额误记为 16800 元，少记了 1800 元，并登记入账。

更正时，应将少记的 1800 元用蓝字填制一张记账凭证，并登记入账，同时补充更正分录：

借：银行存款		1800
贷：应收账款		1800

将这一记账凭证登记入账后，使"银行存款"和"应收账款"两个科目的错误都得到了更正。

3.3.3.4 更正法的选择

以上三种更正方法有各自的适用范围，会计人员在处理错账时要选择正确的更正法。红字更正法和补充登记法都是用来更正因记账错误而产生的差错。如果记账凭证无错，只是登记入账时发生误记，只能使用划线更正法进行更正。

学习笔记

请对本章的学习做一个小结，将你认为的重点事项和不懂事项分别列出来，以便于自己进一步学习与提升。

本章重点事项
1. _____
2. _____
3. _____
4. _____
5. _____

本章不懂事项
1. _____
2. _____
3. _____
4. _____
5. _____

个人心得
1. _____
2. _____
3. _____
4. _____
5. _____

第4章

会计核算

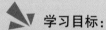 **学习目标：**

1.了解会计核算各个项目——货币资金、存货、应收及预付款项、固定资产、流动负债、非流动负债、收入、成本、无形资产及其他资产、所有者权益、利润等的账户设置与核算要求。

2.掌握上述各个项目的账务处理方法与会计分录的制作。

4.1　货币资金核算

货币资金是指在企业生产经营过程中处于货币状态的那部分资金，是流动性最强的一项资产，是流动资产的重要组成部分，是企业进行生产经营的基础。

货币资金包括库存现金、银行存款及其他货币资金。

4.1.1　库存现金的核算

库存现金是指存放于企业财务部门，由出纳人员经管的货币。

4.1.1.1　库存现金序时核算

企业必须设置现金日记账，由出纳人员根据收付款凭证，按照业务发生顺序逐笔登记。

4.1.1.2　库存现金总分类核算

企业应设置库存现金账户，以便对库存现金进行总分类核算。库存现金是资产类账户，用于核算库存现金的收入、支出和结存。

> **提醒您**
>
> 　　库存现金总分类账由不从事出纳工作的会计人员登记，一般采用订本式"三栏式"账簿。月份终了，现金总分类账余额与出纳人员登记的现金日记账余额应核对相符。

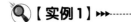 【实例1】▶▶▶ --

差旅费预借与报销会计分录

（1）2025年3月5日，某企业业务员张伟出差预借差旅费3000元，现金付讫，制作会计分录：

　　　借：其他应收款——张伟　　　　　　　　　　　　　　　　　3000
　　　　　贷：库存现金　　　　　　　　　　　　　　　　　　　　　3000

（2）2025年3月15日，业务员张伟出差回（归）来，报销差旅费2800元，归还剩余现金200元，制作会计分录：

借：库存现金	200
管理费用	2800
贷：其他应收款——张伟	3000

4.1.1.3 库存现金清查与核算

为了及时发现库存现金的漏记、错记、贪污等情形，会计人员应定期或不定期对库存现金进行清查。通常采用实地盘点法，进行账实核对。

（1）长款的处理

在清查中发现实存数大于账面数，则出现了长款，应进行如下处理（见图4-1）。

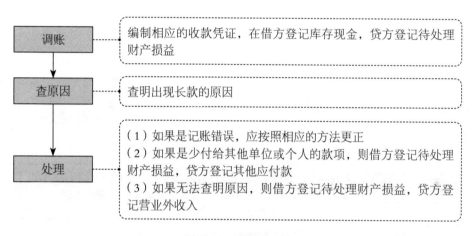

图4-1 长款的处理

（2）短款的处理

在清查中发现实存数小于账面数，则出现了短款，应进行如下处理（见图4-2）。

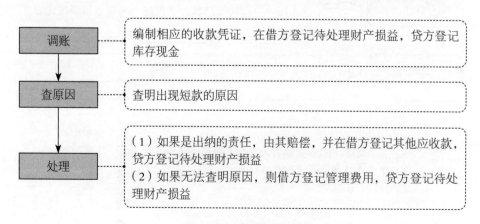

图4-2 短款的处理

🔍 **【实例 2】** ▸▸▸

发现现金短款的会计分录

某企业 2025 年 4 月 30 日清查库存现金时发现短款 40 元，制作会计分录：

借：待处理财产损益——待处理流动资产损益 　　　　　　　40

　贷：库存现金 　　　　　　　　　　　　　　　　　　　　　40

经查，该短款属于出纳员的责任，应由出纳员赔偿，制作会计分录：

借：其他应收款——出纳员 　　　　　　　　　　　　　　　40

　贷：待处理财产损益——待处理流动资产损益 　　　　　　40

4.1.2　银行存款的核算

银行存款是企业存放在银行或其他金融机构的货币资金。

4.1.2.1　银行存款开户的有关规定

银行存款开户的有关规定如图 4-3 所示。

 基本存款账户 ☞ 是企业办理日常结算和现金收付的账户。企业工资、奖金等现金的支取，只能通过基本存款账户办理

 一般存款账户 ☞ 是企业在基本存款账户以外的银行机构开立的银行结算账户。企业可以通过本账户办理转账结算和现金缴存，但不能办理现金支取

 临时存款账户 ☞ 是企业因临时经营活动需要开立的账户。企业可以通过本账户办理转账结算，或根据国家现金管理规定办理现金收付

 专用存款账户 ☞ 是企业因特定用途需要开立的账户

一个企业只能选择在一家银行的一个营业机构开立一个基本存款账户，不得在多家银行机构开立基本存款账户；不得在同一家银行的几个分支机构开立一般存款账户

图 4-3　银行存款开户的有关规定

4.1.2.2 银行存款的核算

（1）银行存款的序时核算

银行存款日记账应由出纳人员登记，账簿格式与登记方法与现金日记账基本相同。

（2）银行存款的总分类核算

企业应设置银行存款总账账户，用于对银行存款进行总分类核算。银行存款的总分类账簿由不从事出纳工作的会计人员登记。登记的方法、依据和账簿格式与现金总账基本相同。

 【实例3】 ▶▶▶ --

收到转账支票的账务处理

某企业为一般纳税人，2025年3月16日销售产品，售价100000元，增值税税额13000元（13%的增值税率），价税合计113000元，收到转账支票一张，并到银行办理了转账，账务处理为：

借：银行存款　　　　　　　　　　　　　　　　　113000

　贷：主营业务收入　　　　　　　　　　　　　100000

　　　应交税费——应交增值税（销项税额）　　　13000

4.1.2.3 企业银行存款日记账与银行对账单的核对

企业应将银行存款日记账定期与银行对账单核对，至少每月一次。如果存在未达账项，应按月编制银行存款余额调节表，以调节相符。

调节公式为：

企业银行存款日记账余额+银行已收而企业未收的款项-银行已付而企业未付的款项

＝银行对账单余额+企业已收而银行未收的款项-企业已付而银行未付的款项

 【实例4】 ▶▶▶ --

银行存款余额调节表的编制

某企业2025年6月30日的银行存款日记账账面余额为81778元，开户银行对账单所列的本企业存款余额为89332元，经逐笔核对，发现未达账项如下。

（1）6月27日，企业为支付职工差旅费开出现金支票一张，金额为11220元，持票人尚未到银行取款。

（2）6月28日，企业收到购买单位转账支票一张，金额为18854元，已开具送款单送存银行，但银行尚未入账。

（3）6月29日，企业经济纠纷案败诉，银行代扣违约罚金2460元，企业尚未收到通知而未入账。

（4）6月30日，银行计算企业存款利息17648元，已记入企业存款账户，企业尚未收到通知而未入账。

根据以上未达账项编制银行存款余额调节表，如下所示。

银行存款余额调节表

项目	金额（元）	项目	金额（元）
本企业银行存款日记账余额	81778	银行对账单余额	89332
加：银行已收、企业未收存款利息	17648	加：企业已收、银行未收	18854
减：银行已付、企业未付罚金	2460	减：企业已付、银行未付	11220
调节后存款余额	96966	调节后存款余额	96966

经银行存款余额调节表调节后的金额表示企业可动用的银行存款实有数。

> **提醒您**
>
> 企业不应该也不需要根据调节后的余额调整银行存款日记账的余额，银行存款余额调节表不能作为记账的原始依据。

4.1.3　其他货币资金的核算

其他货币资金是指除现金和银行存款以外的货币资金，包括外埠存款、银行汇票存款、银行本票存款、信用证保证金存款、信用卡存款和存出投资款等。为了总括反映其他货币资金的增减变动及结余情况，企业应设置其他货币资金总账账户，并设置外埠存款、银行汇票、银行本票、信用证保证金、信用卡、存出投资款等明细账户。

4.1.3.1　外埠存款

（1）什么是外埠存款

外埠存款是指企业到外地进行临时或零星采购时，汇往采购地银行开立采购专户的款项。

企业汇出款项时，应填写汇款委托书，并加盖"采购资金"字样印章。采购地银行对汇入的采购款项，以汇款单位的名义开立采购账户。采购账户只付不收，付完清户。

（2）会计核算

① 企业委托当地银行将款项汇往采购地银行开立专户，并据此编制付款凭证，会计分录为：

借：其他货币资金——外埠存款

　　贷：银行存款

② 采购人员用外埠存款支付材料采购款时，企业应根据供应单位开具的发票账单等凭证，制作会计分录：

借：原材料、应交税费——应交增值税（进项税额）等账户

　　贷：其他货币资金——外埠存款

③ 采购人员完成采购任务，将多余的外埠存款转回当地银行时，企业应根据银行的收款通知，制作会计分录：

借：银行存款

　　贷：其他货币资金——外埠存款

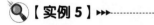 【实例5】▶▶▶--

外埠存款的账务处理

某企业于6月1日汇款75000元开立采购专户，并根据汇款凭证编制会计分录：

借：其他货币资金——外埠存款　　　　　　　　　　　　　　　75000

　　贷：银行存款　　　　　　　　　　　　　　　　　　　　　75000

6月8日，企业收到增值税专用发票，上面注明材料价款60000元，增值税税额7800元（13%的增值税率），材料已经验收入库，并据此编制会计分录：

借：原材料　　　　　　　　　　　　　　　　　　　　　　　　60000

　　应交税费——应交增值税（进项税额）　　　　　　　　　　7800

　　贷：其他货币资金——外埠存款　　　　　　　　　　　　　67800

6月10日，多余的外埠存款7200元转回当地银行，企业根据银行收账通知，编制会计分录：

借：银行存款　　　　　　　　　　　　　　　　　　　　　　　7200

　　贷：其他货币资金——外埠存款　　　　　　　　　　　　　7200

4.1.3.2　银行汇票存款

（1）什么是银行汇票存款

银行汇票存款是指企业为取得银行汇票，按照规定存入银行的款项。

（2）会计核算

① 企业向银行提交银行汇票委托书，将款项交存开户银行并取得汇票，然后根据银行盖章的委托书存根联编制付款凭证，会计分录为：

借：其他货币资金——银行汇票

贷：银行存款

② 企业使用银行汇票支付款项后，应根据审核无误的发票账单及开户行转来的银行汇票有关副联，制作会计分录：

借：原材料、应交税费——应交增值税（进项税额）等账户

贷：其他货币资金——银行汇票

③ 企业使用完银行汇票后，应转销"其他货币资金——银行汇票"账户。如果实际采购支付货款后银行汇票有余额，对多余部分应制作会计分录：

借：银行存款

贷：其他货币资金——银行汇票

④ 因超过付款期限或其他原因银行汇票未曾使用而需要退款时，应制作会计分录：

借：银行存款

贷：其他货币资金——银行汇票

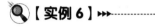 【实例6】▶▶▶

银行汇票的账务处理

甲企业到乙企业采购A材料，发生下列经济业务。

7月3日，填制并提交银行汇票申请书（38000元），银行已受理。根据银行汇票申请书存根联，制作会计分录：

借：其他货币资金——银行汇票　　　　　　　　　　　　38000

贷：银行存款　　　　　　　　　　　　　　　　　　38000

7月7日，从乙企业购进A材料一批，货款30000元，增值税税额3 900元（13%的增值税税率），以银行汇票付讫，材料已经验收入库，余款尚未退回。据此制作会计分录为：

借：原材料　　　　　　　　　　　　　　　　　　　　30000

应交税费——应交增值税（进项税额）　　　　　　　3900

贷：其他货币资金——银行汇票　　　　　　　　　　33900

7月11日，企业收到银行转来的多余款收账通知，金额为4100元，即7月3日签发的银行汇票余额，制作会计分录：

借：银行存款　　　　　　　　　　　　　　　　　　　　　4100
　　贷：其他货币资金——银行汇票　　　　　　　　　　　　　　4100

4.1.3.3　银行本票存款

（1）什么是银行本票存款

银行本票存款是指企业为取得银行本票，按照规定存入银行的款项。

（2）会计核算

① 企业向银行提交银行本票申请书，将款项交存银行并取得银行本票，然后根据银行盖章退回的申请书存根联编制付款凭证，会计分录为：

借：其他货币资金——银行本票
　　贷：银行存款

② 企业用银行本票支付采购货款后，应根据发票账单等有关凭证，制作会计分录：

借：原材料、应交税费——应交增值税（进项税额）等账户
　　贷：其他货币资金——银行本票

③ 企业因本票超过付款期等原因未曾使用而要求银行退款时，应填制进账单一式两联，连同本票一并交给银行，然后根据银行盖章退回的一联进账单，制作会计分录：

借：银行存款
　　贷：其他货币资金——银行本票

4.1.3.4　信用证保证金存款

（1）什么是信用证保证金存款

信用证是指开证银行依照申请人（购货方）的请求向受益人（销货方）开出的具有一定金额、在一定期限内凭信用证规定的单据支付款项的书面承诺。

信用证保证金存款是指采用信用证结算的企业为开具信用证而存入银行信用证保证金专户的款项。

（2）会计核算

① 企业向银行交纳保证金，并根据银行退回的进账单第一联，制作会计分录：

借：其他货币资金——信用证保证金
　　贷：银行存款

② 企业根据银行转来的信用证结算凭证及有关单据列明的金额，制作会计分录：

借：原材料、应交税费——应交增值税（进项税额）等账户
　　贷：其他货币资金——信用证保证金

4.1.3.5 信用卡存款

（1）什么是信用卡存款

信用卡存款是指企业为取得信用卡而存入银行信用卡专户的款项。

信用卡按使用对象可分为单位卡和个人卡；按信誉等级可分为金卡和普通卡。信用卡允许透支，透支期限最长为90天。单位卡账户的资金一律从基本存款账户转入，企业不得交存现金，不得用于10万元以上的商品交易、劳务供应等，不得支取现金。

（2）会计核算

① 企业按规定填制申请表，连同支票和有关资料一并交发卡银行，并根据银行盖章退回的进账单第一联，制作会计分录：

借：其他货币资金——信用卡存款

贷：银行存款

② 企业用信用卡购物或支付有关费用时，应制作会计分录：

借：有关账户

贷：其他货币资金——信用卡存款

4.1.3.6 存出投资款

（1）什么是存出投资款

存出投资款是指企业已存入证券公司但尚未进行投资的款项。

（2）会计核算

企业将款项存入证券公司，应制作会计分录：

借：其他货币资金——存出投资款

贷：银行存款

【实例7】▶▶▶

存出投资款的账务处理

企业向证券公司划出款项500000元，拟购买股票，会计分录为：

借：其他货币资金——存出投资款 500000

贷：银行存款 500000

4.1.3.7 微信和支付宝转账

近年来，随着移动支付的不断发展，特别是微信和支付宝支付功能的完善，越来越多的用户开始使用移动端支付。

企业使用微信和支付宝转账，可以记入其他货币资金科目，并下设微信和支付宝二级明细科目。

具体账务处理为：

（1）使用微信或支付宝转账购买办公用品

借：管理费用——办公费

贷：其他货币资金——微信或支付宝

（2）用微信或支付宝收取销售款

借：其他货币资金——微信或支付宝

贷：主营业务收入

应交税费——应交增值税（销项税额）

（3）用微信或支付宝提现

借：银行存款

贷：其他货币资金——微信或支付宝

4.2 存货核算

企业会计制度规定，存货是指企业在日常生产经营过程中持有的以备出售的、仍然处在生产过程中的、在生产或提供劳务过程中消耗的材料及物料等，包括库存的、加工中的、在途的各类材料、商品、在成品、半成品、产成品、包装物、低值易耗品等。

在不同的行业，存货的范围有所不同。在商品流通企业，存货主要包括各种商品；在工业企业，存货则包括各种原材料、包装物、低值易耗品、在产品、自制半成品和产成品等。

4.2.1 存货的计价

4.2.1.1 先进先出法

先进先出法假定先收到的存货先发出，并以此确定发出存货的成本和期末结存存货的成本。

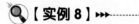 【实例8】▶▶▶--

存货的计价（先进先出法）

某公司2025年2月初结存A材料500千克，每千克实际成本为80元，在本月发生以下业务。

（1）2月5日，购入该材料300千克，每千克实际成本为100元。

（2）2月15日，购入该材料500千克，每千克实际成本为110元。

（3）2月11日，发出该材料600千克。

（4）2月18日，发出该材料500千克。

采用先进先出法计算2月发出和结存A材料的实际成本，步骤为：

第一步：求出2月11日存货的发出成本，计算公式为：

$$500×80+100×100=50000（元）$$

第二步：求出2月18日存货的发出成本，计算公式为：

$$200×100+300×110=53000（元）$$

第三步：求出2月存货发出和结存的实际成本，具体计算公式为：

（1）2月存货的发出成本 =50000+53000=103000（元）

（2）2月存货的结存成本 =200×110=22000（元）

4.2.1.2　加权平均法

加权平均法也称全月一次加权平均法或月末加权平均法，是指月末一次计算加权平均单价，并据此计算当月发出存货的成本和月末结存存货的成本。

$$加权平均单价=\frac{月初结存存货成本+本月收入存货成本}{月初结存存货数量+本月收入存货数量}$$

$$本月发出存货成本=本月发出存货数量×加权平均单价$$

$$月末结存存货成本=月末结存存货数量×加权平均单价$$

此外，月末结存存货成本也可以采用以下公式。

$$月末结存存货成本=月初结存存货成本+本月收入存货成本-本月发出存货成本$$

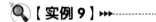
【实例9】▶▶

存货的计价（加权平均法）

对于实例8，改用加权平均法计算发出存货成本和期末结存存货成本。

加权平均单价 =（500×80+300×100+500×110）÷（500+300+500）

$$=96.15（元／千克）$$

本月发出存货成本 =96.15×（600+500）=105765（元）

月末结存存货成本 =（500+300+500-600-500）×96.15=19230（元）

4.2.1.3 移动平均法

移动平均法也称移动加权平均法，是指在每次进货以后，计算出新的加权平均单价，作为下次进货前发出存货的单位成本。移动平均法与全月一次加权平均法的计算原理基本相同，只是在每次收到存货时要重新计算加权平均单价，计算公式为：

$$存货平均成本=\frac{库存存货成本+本批收入存货成本}{库存存货数量+本批收入存货数量}$$

 **【实例10】**▶▶▶--

存货的计价（移动平均法）

对于实例8，改用移动平均法计算发出存货成本和期末结存存货成本。

（1）5日，购入材料后的加权平均单价为：

（500×80+300×100）÷（500+300）=87.5（元／千克）

因此，11日发出存货成本 =600×87.5=52500（元）

结存存货成本 =200×87.5=17500（元）

（2）15日，购入材料后的加权平均单价为：

（17500+500×110）÷（200+500）=103.57（元／千克）

（3）18日发出存货成本 =500×103.57=51785（元）

（4）月末存货成本 =200×103.57=20714（元）

本月发出存货成本 =52500+51785=104285（元）

4.2.2 存货的账务处理

以下分别介绍库存商品和周转材料的账务处理。

4.2.2.1 库存商品的账务处理

库存商品的账务处理如表4-1所示。

表4-1 库存商品的账务处理

序号	业务内容	会计处理
1	购入的商品已验收入库	借：库存商品（按商品进价） 　　　应交税费——应交增值税（进项税额） 　贷：应付账款等（实际应付款项）

序号	业务内容		会计处理
2	委托外单位加工收回的商品		借：库存商品（按实际成本） 贷：委托加工物资
3	结转销售商品的成本		借：主营业务成本 贷：库存商品
4	盘亏或损毁的库存商品	自然灾害造成的	借：营业外支出（按材料对应的成本加不可抵扣的增值税进项税额，减去过失人或保险公司的赔款和残料价值的余额） 其他应收款等（过失人或保险公司的赔款和残料价值） 贷：库存商品（按实际成本） 应交税费——应交增值税（进项税额转出）
		其他情况	借：管理费用、其他应收款等 贷：库存商品（按实际成本） 应交税费——应交增值税（进项税额转出）
5	盘盈的库存商品，以市价或同类、类似商品的市场价格作为实际成本		借：库存商品 贷：管理费用

4.2.2.2　周转材料的账务处理

周转材料的账务处理如表4-2所示。

表4-2　周转材料的账务处理

序号	业务内容		会计处理
1	一次转销	在领用时，将全部价值转入有关的成本费用	借：管理费用等 贷：周转材料
		报废时，残料价值应冲减有关的成本费用	借：原材料等 贷：管理费用等
2	分次转销	领用时	借：长期待摊费用 贷：周转材料
		摊销时	借：管理费用等 贷：长期待摊费用
		报废时，残料价值冲减有关成本费用	借：原材料等 贷：管理费用等

4.2.3　存货损失的账务处理

对于正常的存货损失，会计处理等同税法，在本年利润中直接扣除。对于存货的非正常损失，会计上分两种情况在本年利润中直接扣除，第一种是自然灾害损失，扣除保险公司等的赔偿后，记入营业外支出科目；第二种是因管理不善造成的货物被盗窃、发生霉烂等损失，扣除有关责任人员的赔偿后，记入管理费用科目。

4.2.3.1　存货损失的税务处理

（1）增值税方面

企业购进货物发生非正常损失，进项税额不得从销项税额中抵扣。如果企业在货物发生非正常损失之前，已将货物的增值税进项税额实际申报抵扣，则应当在发生非正常损失的当期，将该批货物的进项税额予以转出。

（2）所得税方面

对于因管理不善记入管理费用科目和因自然灾害记入营业外支出科目的存货非正常损失，如果证据齐全，经税务机关审查批准后，准予在当期税前扣除。

4.2.3.2　存货损失的会计处理

存货损失的会计处理要点如表4-3所示。

表4-3　存货损失的会计处理要点

序号	业务内容	会计处理
1	保管中发生的定额内的合理损耗	借：管理费用 　　贷：库存商品或原材料等
2	自然灾害造成的毁损	借：营业外支出 　　贷：库存商品或原材料等
3	管理不善造成的损失	借：营业外支出或其他应收款 　　贷：库存商品或原材料等
4	收发差错造成的短缺损失	借：销售费用 　　　营业外支出 　　贷：库存商品或原材料等

【实例11】▶▶▶

存货盘亏的账务处理

某企业为增值税一般纳税人，2024年不包括以下经济业务的会计利润为2000000元，增值税税额已足额上缴。

已计提存货跌价准备150000元。因仓库保管员王某责任心不强，导致仓库原材料被盗，经盘查，材料账面价值为50000元（其中含分摊的运费4650元）；意外火灾造成库存产品全部烧毁，损失金额为400000元。全年耗用存货金额总计5000000元，全年生产成本为8000000元；12月份盘亏一批8月份购入的材料（已抵扣进项税额），盘亏金额为90000元，经查属于定额内自然损耗。以上材料增值税税率为13%，运费税率为7%，不考虑其他税费和纳税调整，企业应进行如下账务处理。

（1）存货跌价准备只影响计税所得额，即调增应纳税所得额150000元，并不影响会计利润额，故不必制作调账分录。

（2）被盗材料进项税额转出＝（50000-4650）×13%+4650÷（1-7%）×7%=6245.50元，会计分录为：

    借：待处理财产损益   56245.50

      贷：原材料   50000

          应交税费——应交增值税（进项税额转出）   6245.50

2024年12月20日经董事会批准，由王某赔偿20000元，税务机关审批同意，会计分录为：

    借：管理费用   36245.50

      其他应收款——王某   20000

      贷：待处理财产损益   56245.50

（3）被毁产成品的进项税额转出＝（产成品的损失金额×全年耗用存货金额÷全年生产成本金额）×适用税率＝（400000×5000000÷8000000）×13%=32500元，会计分录为：

    借：待处理财产损益   432500

      贷：库存商品   400000

          应交税费——应交增值税（进项税额转出）   32500

2024年12月20日经董事会批准，并报经税务机关审批同意，会计分录为：

    借：营业外支出   432500

      贷：待处理财产损益   432500

（4）盘亏入账的会计分录为：

    借：待处理财产损益   101700

      贷：原材料   90000

          应交税费——应交增值税（进项税额转出）   11700

根据相关规定，定额内合理损耗属正常损失，不必报税务机关审批，直接在当年所得税前扣除，会计分录为：

    借：管理费用——定额损耗   101700

      贷：待处理财产损益   101700

4.3 应收及预付款项核算

4.3.1 应收票据的核算

应收票据是指企业收到的商业汇票，按承兑人不同，分为商业承兑汇票和银行承兑汇票；按是否计息，分为不带息商业汇票和带息商业汇票。

4.3.1.1 票据到期日的确定

商业汇票的付款期限，最长不得超过 6 个月。票据到期日的确定如图 4-4 所示。

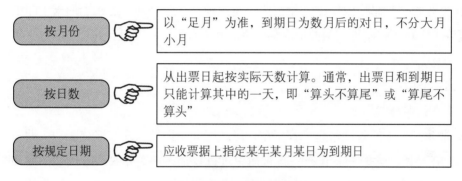

图 4-4 票据到期日的确定

4.3.1.2 应收票据入账价值的确定

应收票据一般按面值计价，但对于带息的应收票据，应于期末（指中期和年度终了）按应收票据的票面价值和确定的利率计提利息，计提的利息会增加应收票据的账面价值。

4.3.1.3 应收票据的核算

（1）不带息应收票据

不带息应收票据的到期值等于应收票据的面值。取得应收票据的原因不同，会计处理也有所区别。

① 企业因债务人抵偿所欠货款而取得应收票据，编制会计分录：

    借：应收票据

      贷：应收账款

② 企业因销售商品、提供劳务等而收到商业汇票，编制会计分录：

借：应收票据

贷：主营业务收入

应交税费——应交增值税（销项税额）

③ 企业收回票款时，按照票面金额编制会计分录：

借：银行存款

贷：应收票据

④ 商业承兑汇票到期而承兑人违约拒付或无力支付票款，企业收到银行退回的商业承兑汇票委托收款凭证、未付票款通知书、拒绝付款通知书或拒绝付款证明等，应将到期票据的票面金额转入应收账款账户，编制会计分录：

借：应收账款

贷：应收票据

（2）带息应收票据

① 企业收到带息应收票据，除按照上述规则进行核算外，还应于期末（即中期期末和年度终了）按应收票据的票面价值和确定的利率计提票据利息，并增加应收票据的账面余额，编制会计分录：

借：应收票据

贷：财务费用

② 企业到期不能收回带息应收票据，应按账面余额转入应收账款账户，期末不再计提利息，并将所包含的利息在有关备查簿中进行登记，待实际收到时再冲减当期财务费用。带息票据到期时，利息是根据带息票据上载明的票款、利率和期限计算的，计算公式为：

$$应收票据利息=应收票据票面金额×票面利率×期限$$

③ 带息应收票据到期，企业收回款项时，应编制会计分录：

借：银行存款（收到的本息）

贷：应收票据（账面余额）

财务费用（差额及未计提利息）

（3）应收票据转让

企业可以将自己持有的商业汇票背书转让。背书是指持票人在票据背面签字，签字人即为背书人，背书人对票据到期付款负连带责任。票据被拒绝承兑、拒绝付款或者超过付款提示期限的，不得背书转让。将票据背书转让的，背书人应当承担票据责任。

企业将持有的应收票据背书转让，以取得所需物资，应编制会计分录：

借：物资采购（或"原材料""库存商品"）

　　应交税费——应交增值税（进项税额）

　　贷：应收票据（按应收票据的账面余额）

注意：如有差额，借记或贷记"银行存款"等账户。

4.3.1.4　应收票据贴现

企业如果出现资金短缺，可以将未到期的商业汇票背书后向开户银行申请贴现，以获得所需资金。票据贴现实质上是企业融通资金的一种形式。

（1）应收票据贴现额的计算

① 计算票据到期值

票据到期值＝票据面值×（1＋年利率÷360×票据到期天数）

或：票据到期值＝票据面值×（1＋年利率÷12×票据到期月数）

② 计算贴现期

贴现期＝票据期限－票据持有期限

③ 计算贴现利息

票据贴现息＝票据到期值×贴现率×贴现期

④ 计算贴现额

票据贴现额＝票据到期值－票据贴现息－其他相关手续费

（2）应收票据贴现的账务处理

企业应根据与银行等金融机构签订的协议，对应收票据贴现进行账务处理。

① 如果企业与银行等金融机构签订的协议规定，当贴现的应收票据到期，债务人未按期偿还，申请贴现的企业不负有任何偿还责任时，应视同应收债权出售，编制会计分录：

借：银行存款［贴现实际收到的金额（即贴现额）］

　　财务费用［应支付的相关手续费（含贴现息）］

　　营业外支出（应收票据融资损失）

　　贷：应收票据（所出售的应收票据的账面余额）

　　　　营业外收入（应收票据融资收益）

② 如果企业与银行等金融机构签订的协议规定，贴现的应收票据到期债务人未按期偿还时，申请贴现的企业负有向银行等金融机构还款的责任。根据实质重于形式的原则，与所贴现应收票据有关的风险和报酬并未转移，应收票据可能发生的风险仍由申请贴现的企业承担，申请贴现的企业应按照以应收债权为质押取得借款的规定进行账务处理，而不应冲减该应收票据的账面价值，编制的会计分录为：

借：银行存款［贴现实际收到的金额（即贴现额）］

　　财务费用［应支付的相关手续费（含贴现息）］

　　　贷：短期借款［银行贷款本金（应收票据的账面余额）］

【实例 12】▶▶▶

不带息商业汇票贴现的账务处理

2025 年 5 月 20 日，某企业持出票日期为 3 月 20 日、期限为 6 个月、面额为 200000 元的不带息商业汇票到银行贴现，贴现率为 6%，相关的手续费为 180 元。与银行签订的协议规定：

（1）如果债务人未按期偿还，企业负有向银行还款的责任，应编制会计分录：

贴现息 =200000×6%÷12×4=4000（元）

贴现额 =200000−4000−180=195820（元）

借：银行存款	195820
财务费用	4180
贷：短期借款	200000

（2）如果票据到期承兑方付款，企业应编制会计分录：

借：短期借款	200000
贷：应收票据	200000

（3）如果票据到期承兑方无力支付，贴现银行会将票款从企业账户划回，企业应编制会计分录：

借：短期借款	200000
贷：银行存款	200000

同时：

借：应收账款	200000
贷：应收票据	200000

（4）如果票据到期承兑方无力支付，企业的银行账户上也无款可划，企业应编制会计分录：

借：应收账款	200000
贷：应收票据	200000

4.3.2　应收账款的核算

应收账款是指企业因销售商品、产品或提供劳务等而形成的债权，包括企业应向购货或接受劳务的客户收取的价款、增值税以及代垫的包装费、运杂费等。

4.3.2.1　应收账款入账价值的确定

通常情况下，应收账款按实际发生额计价入账，即买卖双方成交时的实际金额（包括发票金额和代购货单位垫付的运杂费）。由于在实际商业活动中存在折扣，所以应收账款的入账价值还需要考虑商业折扣和现金折扣等因素。

（1）商业折扣

商业折扣是指企业根据市场供需情况或顾客购买商品的数量，给予的价格上的优惠，通常以百分比来表示，如 5%、10% 等。商业折扣对应收账款入账价值没有什么实质性的影响，买卖双方均无须在账面上反映商业折扣，企业应收账款金额按扣除商业折扣后的实际售价确认。

（2）现金折扣

现金折扣是指企业为了鼓励客户在一定时期内早日偿还货款而给予的一种折扣优惠，通常用符号"折扣 / 付款期限"表示，如 2/10、1/20、n/30 等。

现金折扣发生在交易成立之后，对于销售企业来说，其实际能收到的款项视购买方付款时间的不同而不同。因此，存在现金折扣的情况下，应收账款金额的确认有两种方法，目前，我国会计实务采用的是总价法。

① 总价法。总价法是将扣减现金折扣前的金额（即总价）作为实际售价，并据以确认应收账款的入账价值。现金折扣只有客户在折扣期内支付货款才予以确认。这一方法把现金折扣当作是对客户提早付款的一种奖励。销售方把给予客户的现金折扣视为融资的理财费用，在会计上作为"财务费用"处理。

② 净价法。净价法是将扣减完现金折扣后的金额作为实际售价，并据以确认应收账款的入账价值。这种方法把客户取得折扣视为正常现象，认为客户一般都会提前付款；而将客户超过折扣而多支付的金额，视为提供信贷获得的理财收入，冲减"财务费用"。

4.3.2.2　应收账款的账务处理

（1）当企业销售商品、产品或提供劳务发生应收账款时，编制会计分录：

借：应收账款

　　贷：主营业务收入

　　　　应交税费——应交增值税（销项税额）

（2）收回应收账款时，编制会计分录：

借：银行存款

　　贷：应收账款

（3）如果应收账款改用商业汇票结算，在收到承兑的商业汇票时，编制会计分录：

借：应收票据

贷：应收账款

企业发生的应收账款，在没有商业折扣的情况下，按应收的全部金额入账。

企业发生的应收账款，在有商业折扣的情况下，按扣除商业折扣后的金额入账。

【实例 13】▶▶▶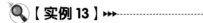

享 10% 商业折扣应收账款的账务处理

甲公司向乙公司销售产品一批，按价目表标明的价格计算，价款总额为 30000 元，购货方享受 10% 的商业折扣，适用增值税税率为 13%，已办妥委托银行收款手续。甲公司的账务处理为：

（1）办妥托收手续时，编制会计分录：

借：应收账款——乙公司　　　　　　　　　　　　　　　30510

贷：主营业务收入　　　　　　　　　　　　　　　　27000

应交税费——应交增值税（销项税额）　　　　3510

（2）收到银行收款通知时，编制会计分录：

借：银行存款　　　　　　　　　　　　　　　　　　　　30510

贷：应收账款——乙公司　　　　　　　　　　　　　30510

（3）发生的应收账款在有现金折扣的情况下，采用总价法入账，发生的现金折扣作为"财务费用"处理。

4.3.3　坏账准备与坏账损失

坏账是指企业无法收回或收回的可能性极小的应收款项。坏账准备是对应收账款预提的准备金，用来抵销不能收回的应收账款，是应收账款的备抵账户。由于发生坏账而产生的损失称为坏账损失。

4.3.3.1　坏账的确认

一般来说，企业的应收账款符合图 4-5 所列条件之一的，应确认为坏账。

1 债务人破产或死亡，以其破产财产或遗产偿债后，确实不能收回的

2 因债务单位撤销、资不抵债或现金流量严重不足，确实不能收回的

| 3 | 因严重的自然灾害导致债务单位停产而在短时间内无法偿付债务，确实无法收回的 |

| 4 | 债务人逾期未履行偿债义务超过 3 年，经核查确实无法收回的 |

图 4-5 坏账的确认条件

4.3.3.2 计提坏账准备的方法

我国规定，坏账损失的核算采用备抵法，即按期估计坏账损失，记入"资产减值损失"账户，形成坏账准备。实际发生坏账损失时，按坏账的金额冲减坏账准备金，同时转销应收账款。根据《企业会计准则》的规定：企业坏账损失的核算应采用备抵法。计提坏账准备的方法由企业自行确定，可以按应收账款余额百分比法、账龄分析法、赊销百分比法等计提坏账准备，也可以按客户分别确定应计提的坏账准备，如表 4-4 所示。

表 4-4 计提坏账准备的方法

序号	方法	具体处理
1	应收账款余额百分比法	应收账款余额百分比法就是按应收账款余额的一定比例计算提取坏账准备金。至于计提比例，由于各企业应收账款收回的风险程度不一样，确定的计提比例也不同。企业每期坏账准备金额的估计应合理适中，估计过高会造成期间成本人为升高；估计过低则会造成坏账准备不足以抵减实际发生的坏账，起不到坏账准备金应有的作用
2	账龄分析法	账龄是指负债人所欠账款的时间。账龄越长，发生坏账损失的可能性就越大。账龄分析法是指根据应收账款的账龄时间来估计坏账损失。采用账龄分析法时，先将不同账龄的应收账款进行分组，并根据前期实际发生坏账的有关资料，估计各账龄组的坏账损失百分比；然后用各账龄组应收账款的金额乘以对应的坏账损失百分比，计算出各组的坏账损失额之和，即为当期坏账损失的预计金额
3	赊销百分比法	赊销百分比法又称销货百分比法，是指企业根据当期赊销金额的一定百分比来估计坏账损失。一般认为，企业当期的赊销业务越多，存在坏账的可能性就越大。企业可以根据经验和过去的有关资料，估计坏账损失与赊销金额之间的比率

不管采用哪种方法，计算当期应计提坏账准备的基本公式如下。

当期应提取的坏账准备=按照相应方法计算的坏账准备期末应有余额-"坏账准备"账户
已有的贷方余额（或+"坏账准备"账户已有的借方余额）

计算出来的当期应提取坏账准备若为正数，表示应该补提的坏账准备金额；若为负数，则表示应该冲减的坏账准备金额。

4.3.3.3 坏账准备与损失的账务处理

坏账准备与损失的账务处理如表 4-5 所示。

表 4-5 坏账准备与损失的账务处理

序号	业务内容	会计处理
1	提取坏账准备	借：管理费用——计提的坏账准备 　贷：坏账准备
2	应提取的坏账准备大于其账面余额	借：管理费用——计提的坏账准备 　贷：坏账准备（按差额提取）
3	应提取的坏账准备小于其账面余额	借：坏账准备（按差额提取） 　贷：管理费用——计提的坏账准备
4	对于确实无法收回的应收款项，经批准作为坏账损失冲销提取的坏账准备	借：坏账准备 　贷：应收账款或其他应收、预付账款
5	已确认并转销的坏账损失以后又收回	借：应收账款或其他应收款、应收利息、预付账款等 　贷：坏账准备 借：银行存款 　贷：应收账款或其他应收款、应收利息、预付账款等

🔍【实例 14】▶▶▶ --

按账款余额比率法提取坏账准备的账务处理

某公司 2022 年年末应收账款余额为 1500000 元，提取坏账准备的比例为 3%；2023 年，客户 F 公司的应收款项发生了坏账损失 85000 元，年末应收账款为 960000 元；2024 年，已冲销的 F 公司应收账款 85000 元又收回，期末应收账款为 1200000 元。以下是按账款余额比率法来提取的坏账准备。

（1）2022 年年末，提取坏账准备，会计分录为：

借：资产减值损失——坏账损失　　　　　　　　　　　　　　45000

　　贷：坏账准备　　　　　　　　　　　　　　　　　　　　45000

（2）2023 年的账务处理。

①冲销坏账，会计分录为：

  借：坏账准备   85000

    贷：应收账款——F公司   85000

②年末提取坏账准备：

坏账准备的余额 =960000×3%=28800（元）

应提取的坏账准备 =45000+28800=73800（元）

会计分录为：

  借：资产减值损失——坏账损失   73800

    贷：坏账准备   73800

（3）2024 年的账务处理。

①收回 2022 年冲销的 F 公司应收账款 85000 元，会计分录为：

  借：应收账款—— F 公司   85000

    贷：坏账准备   85000

同时，还应做会计分录：

  借：银行存款   85000

    贷：应收账款——F公司   85000

②年末提取坏账准备：

坏账准备的余额 =1200000×3%=36000（元）

应提取的坏账准备 =36000-118800=-82800（元）

会计分录为：

  借：坏账准备   82800

    贷：资产减值损失——坏账损失   82800

以上会计分录登记入账如下表所示。

坏账准备明细账

单位：元

日期	摘要	借方	贷方	借或贷	余额
2022.12.31	提取坏账准备	45000	贷	45000	
2023	冲销F公司应收账款	85000	贷	−40000	
2023.12.31	提取坏账准备	73800	贷	33800	
2024	收回F公司应收账款	85000	贷	118800	
2024.12.31	转回坏账准备	82800	贷	36000	

【实例 15】▸▸▸

按账龄分析法提取坏账准备的账务处理

某公司年初"坏账准备"账户的余额为贷方 8700 元。年末按账龄分析法提取坏账准备，根据应收账款账龄估计坏账损失，如下表所示。

估计坏账损失

应收账款		估计损失率（%）	估计损失金额（元）
账　龄	金　额		
未到期	250000	0.5	1250
逾期 1 个月	150000	1.0	1500
逾期 2 个月	80000	2.0	1600
逾期 8 个月	140000	3.0	4200
逾期 1 年及以上	50000	5.0	2500
合计	670000		11050

会计分录为：

借：资产减值损失——坏账损失   2350

    贷：坏账准备   2350

【实例 16】▸▸▸

按销货百分比法提取坏账准备的账务处理

某公司采用销货百分比法来计提坏账准备，当年赊销总额为 1880000 元，估计的坏账损失率为 1%，年末应计提坏账损失 18800 元，会计分录为：

借：资产减值损失——坏账损失   18800

    贷：坏账准备   18800

4.3.4 预付账款的核算

4.3.4.1 预付账款的核算内容

预付账款是指企业按照购货合同或劳务合同规定，预先支付给供货方或提供劳务方的款项，如预付的材料款、商品采购款等。企业预付货款后，有权要求对方按照购货合同规定发货。预付账款必须以购销双方签订的购货合同为条件，按照规定的程序和方法进行核算。

4.3.4.2 预付账款的核算

（1）企业向供货方或提供劳务方预付货款时，应按预付金额编制会计分录：

  借：预付账款

    贷：银行存款

（2）收到预购的材料或商品时，按材料或商品的实际成本及增值税专用发票上注明的增值税税额，编制会计分录：

  借：原材料或库存商品

    应交税费——应交增值税（进项税额）

    贷：预付账款

（3）补付货款时，按补付金额编制会计分录：

  借：预付账款

    贷：银行存款

（4）收到供货方退回多付的货款时，按退回金额编制会计分录：

  借：银行存款

    贷：预付账款

预付账款业务不多的企业，也可以不设置"预付账款"账户，而是将预付账款业务在"应付账款"账户核算。

> **提醒您**
>
>   通过"应付账款"账户核算预付账款业务时，会使应付账款的某些明细账户出现借方余额。在期末编制资产负债表时，若"应付账款"账户所属明细账户有借方余额，应将该借方余额列示在资产负债表的资产方。

4.3.5 其他应收款的核算

4.3.5.1 其他应收款的核算内容

其他应收款是指企业除应收票据、应收账款、预付账款等以外的其他各种应收、暂付款项。其他应收款是企业因非购销活动而产生的应收债权，是一种短期债权，具体包括图4-6所示的项目。

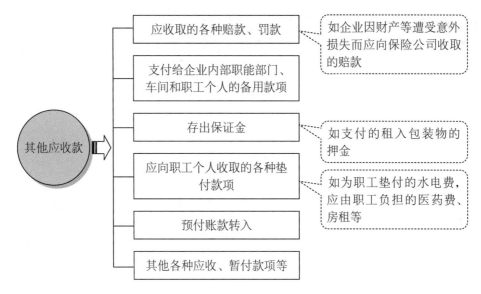

图 4-6 其他应收款包括的项目

4.3.5.2 其他应收款的核算

企业发生应收而未收的赔款、罚款、租金和其他款项，以及支付备用金、包装物押金和其他各种暂付款项时，借记"其他应收款"账户，贷记有关账户；收回应收、暂付款项或有关部门、个人对预支款项报销时，借记有关账户，贷记"其他应收款"账户。

企业应当在年度终了时，对其他应收款进行检查，预估可能发生的坏账损失，并计提坏账准备。对于不能收回的其他应收款应查明原因，追究责任。对确实无法收回的其他应收款，按照企业的管理权限，经股东大会、董事会、经理（厂长）会议或类似机构批准，作为坏账损失，冲减已提取的坏账准备。

（1）对经批准作为坏账的其他应收款，编制会计分录：

借：坏账准备

　　贷：其他应收款

（2）已确认并转销的坏账，如果以后又收回，按实际收回的金额编制会计分录：

借：其他应收款

　　贷：坏账准备

同时，

借：银行存款

　　贷：其他应收款

🔍 **【实例17】** ▶▶▶ --

以银行存款支付押金的账务处理

某公司向其他单位购买商品时借用包装物一批，以银行存款支付押金2000元。该公司的账务处理为：

借：其他应收款——存出保证金　　　　　　　　　　　　　2000

　　贷：银行存款　　　　　　　　　　　　　　　　　　　　　2000

4.4 固定资产核算

4.4.1 固定资产科目的设置

企业通常通过设置"固定资产""累计折旧""工程物资""在建工程""固定资产清理"等科目来进行固定资产的核算。

4.4.2 固定资产增加的核算

企业取得固定资产主要有购入、建造、资本转入、接受捐赠、盘盈及融资租入等渠道。企业无论从哪个途径取得固定资产，都应办理验收手续，取得合法的原始凭证，并进行账务处理。

4.4.2.1 购入

企业购入固定资产，应按实际支付的价款入账，包括买价及运输费、装卸费、保险费、安装调试费及增值税等。如果从国外进口固定资产，还要加上进口关税。企业购入不需要安装的固定资产时，直接登记在"固定资产"账户借方；购入需要安装的固定资产时，应先通过"在建工程"账户核算，安装完毕后再转入"固定资产"账户。

🔍 **【实例18】** ▶▶▶ --

购入不需要安装的设备的账务处理

某企业从国内购入不需要安装的传真设备一台，价税合计70200元，支付的运输费、包装费、保险费等共计1800元，以银行存款支付全部款项。设备验收入库，根据有关凭证编制会计分录：

借：固定资产——传真设备   72000

  贷：银行存款   72000

4.4.2.2　投入固定资产

企业的投资方以资本投入的固定资产，按投资各方评估或协商的价格作为入账依据，记入"固定资产"账户和"实收资本"账户。如果投入的为旧固定资产，应将折旧额记入"累计折旧"账户，"固定资产"账户与"累计折旧"账户的差额，即为"实收资本"账户的金额。

"实收资本"账户是所有者权益账户，用来核算企业实际收到的投资者投入的资本，包括国家投资、其他单位投资和个人投资等。

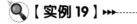 **【实例 19】** ▶▶▶

投入固定资产的账务处理

某企业接受 A 单位投入的旧运输卡车一辆，经投资双方协定，重置完价值为 300000 元，预计使用年限为 10 年，已使用 3 年，残值率为 10%，会计分录为：

借：固定资产——运输设备   300000

  贷：实收资本   219000

    累计折旧   81000

  累计折旧的计算公式为：（300000-30000）÷10×3=81000（元）

4.4.2.3　接受捐赠

接受捐赠是指企业接受国内外地方政府、社会团体或个人赠予的各类固定资产，应以有关发票或市场同类固定资产价格，加上应由企业负担的费用等资料确定入账价格。如果捐赠的是使用过的固定资产，应按净值记入"营业外收入"账户。

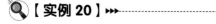 **【实例 20】** ▶▶▶

接受捐赠的固定资产的账务处理

某企业接受社会团体捐赠的使用过的通信设备一台，按市场同类产品价格计算，价值 30000 元，预估磨损率为 20%，在捐赠过程中发生运费、装卸费、包装费 500 元，以银行存款支付。通信设备已交付使用，会计分录为：

借：	固定资产——通信设备	30500
贷：	累计折旧	6000
	营业外收入	24000
	银行存款	500

4.4.2.4 融资租入

企业以租赁方式租入固定资产时，有经营性租赁和融资性租赁两种情况。这两种方式租入固定资产的性质不同，会计核算方法也不同。

采用经营性租赁方式租入的固定资产，其所有权不属于企业，不计提折旧费，也不能作为企业资产记入"固定资产"账户，只能在备查账簿中进行登记。租赁期间发生的租金支出，以"经营费用"列支。

而融资性租赁的固定资产则不同，它是企业借助出租公司的资金而购入的固定资产。在租赁期间，企业应支付固定资产的维修、保险、折旧等费用，且支付的租金包括在固定资产价款内。融资性租赁的实质是出租公司用实物资产提供的一种信贷，因此，属于信贷范畴。企业应在租赁期内，以租金的形式分期还款，一般在租赁期满，企业付清最后一笔租金时（有时需支付少量的转让费），租入固定资产的所有权即转让给企业，成为企业的自有固定资产。

融资租入固定资产的核算，可在"固定资产""累计折旧"和"长期应付款"账户下分别增设"融资租入固定资产""融资租入固定资产累计折旧"和"融资租入固定资产应付款"等明细账户。

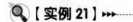

【实例 21】▶▶▶

融资租入设备的账务处理

某企业以融资租赁方式租入不需要安装的运输设备一台，原价为 400000 元，租赁合同规定的租赁期为 4 年，每年年底付款一次。付款时，出租公司按租金余额的 10% 收取利息，并按每次租金的 10% 收取租赁手续费。价款付清后，出租公司以 12000 元的价款将该设备转让给企业。企业在租入设备过程中发生运输费、装卸费、包装费、保险费等费用 8000 元，以银行存款支付。该设备折旧年限为 5 年，残值率为 10%。

根据上述资料，企业应先编制"融资租入固定资产付款计划表"，并据以付款。

有关会计分录为：

1. 取得融资租入运输设备时，按 4 年租金和发生的运输费、装卸费、包装费、保险费等费用及最后一次转让价款作为融资租入固定资产的价值入账。

借：固定资产——融资租入固定资产 420000
　贷：银行存款 8000
　　长期应付款——融资租入固定资产应付款 412000

2. 从租入设备投入使用次月开始，按月计提折旧。

月折旧额 $=420000\times(1-10\%)\div60=6300$（元）

借：管理费用——折旧费 6300
　贷：累计折旧——融资租入固定资产 6300

3. 按租赁合同约定，第 1 年年底支付租金、利息、手续费。

借：长期应付款——融资租入固定资产 100000
　　财务费用——利息 40000
　　管理费用——手续费 10000
　贷：银行存款 150000

第 2 年、第 3 年年底支付租金的会计分录同上。

4. 第 4 年年底付清最后一年租金、利息、手续费，并按租赁合同约定支付转让费 12000 元，取得该项设备所有权。

（1）付清租金、利息、手续费。

借：长期应付款——融资租入固定资产应付款 100000
　　财务费用——利息 10000
　　管理费用——手续费 10000
　贷：银行存款 120000

（2）支付转让费，同时取得设备所有权。

借：长期应付款——融资租入固定资产应付款 12000
　贷：银行存款 12000
　同时：
借：固定资产 420000
　贷：固定资产——融资租入固定资产 420000
借：累计折旧——融资租入固定资产 302400
　贷：累计折旧（4 年的折旧） 302400

4.4.3　在建工程的核算

企业还可以通过自建、自制、技术革新和改造取得固定资产。

企业的自建、自制和安装工程，通过"在建工程"账户进行核算，借方登记各项工程建造时所发生的实际支出；贷方登记工程完工交付使用的实际成本。借方余额表示尚未完工或虽已完工但尚未办理竣工决算的工程支出，以及尚未使用工程物资的实际成本。该账户应按工程项目和工程物资设置明细账。

4.4.3.1　安装工程的核算

购入需要安装的设备，应先通过"在建工程"账户核算，待安装完毕交付使用时再转入"固定资产"账户。

【实例22】▶▶▶---

购入需要安装的设备的会计核算

某企业购入需要安装的设备一台，发票价格为60000元（含增值税），发生的运输费、包装费为1000元，价款及费用以银行存款支付，设备验收入库。在安装过程中，领用材料物资1200元，以银行存款支付临时工工资300元，会计分录为：

（1）支付设备价款及费用

借：在建工程——设备安装工程　　　　　　　　　　　　61000

　　贷：银行存款　　　　　　　　　　　　　　　　　　　　61000

（2）领用材料物资，支付临时工工资

借：在建工程——设备安装工程　　　　　　　　　　　　1500

　　贷：材料物资　　　　　　　　　　　　　　　　　　　　1200

　　　　银行存款　　　　　　　　　　　　　　　　　　　　300

（3）安装完毕交付使用

借：固定资产——设备　　　　　　　　　　　　　　　　62500

　　贷：在建工程——设备安装工程　　　　　　　　　　　　62500

4.4.3.2　建造工程的核算

企业建造的工程，有自营和出包两种形式。自营建造的工程，需企业自购材料、自负职工工资。出包建造的工程，由工程建筑公司承包，包工、包料。

（1）自营建造工程

企业领用工程物资、本企业原材料或库存商品时，借记本科目，贷记"工程物资""原材料""库存商品"等科目。采用计划成本核算的，同时结转应分摊的成本差异。

上述事项涉及增值税的，应结转相应的增值税税额。

在建工程应负担的职工薪酬，借记本科目，贷记"应付职工薪酬"科目。

辅助生产部门为工程提供的水、电、安装、修理、运输等费用，借记本科目，贷记"生产成本——辅助生产成本"等科目。

自营在建工程的账务处理如表4-6所示。

表4-6　自营在建工程的账务处理

序号	业　务	会　计　分　录
1	购入工程所需的物资时，以实际成本计价	借：在建工程——工程物资 　贷：银行存款等账户
2	领用工程物资时，以实际成本计价	借：在建工程——××工程 　贷：在建工程——工程物资等账户
3	在建工程发生的其他费用，以实际发生额计价	借：在建工程——××工程 　贷：银行存款 　　应付职工薪酬 　　长期借款等账户
4	竣工前支付的工程借款利息	借：在建工程——××工程 　贷：长期借款
5	竣工后的利息支出	借：财务费用 　贷：长期借款
6	涉及外币借款时，若发生汇兑损失（在工程交付使用前）	借：在建工程——××工程 　贷：长期借款——汇兑损益
	若发生汇兑收益，则编制相反的会计分录	借：长期借款——汇兑损益 　贷：在建工程——××工程
7	涉及外币借款时，若发生汇兑损失（在工程交付使用之后）	借：财务费用 　贷：长期借款——汇兑损益
	若发生汇兑收益，则编制相反的会计分录	借：长期借款——汇兑损益 　贷：财务费用
8	工程竣工交付使用，将在建工程发生的一切费用记入固定资产原值	借：固定资产 　贷：在建工程——××工程

【实例23】▶▶▶

<h2 align="center">自建简易仓库的会计核算</h2>

某企业自建简易仓库一栋，有关经济业务如下。

（1）购入建筑材料190000元（含增值税），发生运输费、装卸费等费用2000元，编制会计分录：

　　借：在建工程——工程物资　　　　　　　　　　　　　192000
　　　贷：银行存款　　　　　　　　　　　　　　　　　　192000

（2）工程领用建筑材料 190000 元，材料物资 40000 元，本企业商品 22600 元（售价含税，其中售价为 20000 元），共计 252600 元，编制会计分录：

借：在建工程——仓库建筑工程　　　　　　　　　　252 600
　　贷：在建工程——工程物资　　　　　　　　　　　　190000
　　　　材料物资——××材料　　　　　　　　　　　　40000
　　　　主营业务收入　　　　　　　　　　　　　　　　20000
　　　　应交税费——应交增值税（销项税额）　　　　　2600

（3）计算工程工人工资 30000 元，编制会计分录：

借：在建工程——仓库建筑工程　　　　　　　　　　　30000
　　贷：应付职工薪酬　　　　　　　　　　　　　　　　30000

（4）支付银行借款利息 18000 元（竣工前），编制会计分录：

借：在建工程——仓库建筑工程　　　　　　　　　　　18000
　　贷：银行存款　　　　　　　　　　　　　　　　　　18000

如该项借款是在竣工决算以后支付的，应记入当期损益，以"财务费用"列支。

（5）工程完工，材料多余 2000 元，经批准转作修理用。

借：材料物资——××　　　　　　　　　　　　　　　2000
　　贷：在建工程——仓库建筑工程　　　　　　　　　　2000

（6）仓库交付使用，按实际发生的全部支出转账，编制会计分录：

借：固定资产——仓库　　　　　　　　　　　　　　29860000
　　贷：在建工程——仓库建筑工程　　　　　　　　29860000

（2）出包工程

在出包方式下，主要通过"在建工程"科目核算企业支付给承包单位的工程价款以及建设期间的资本化借款利息，会计核算如图 4-7 所示。

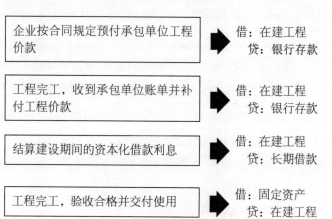

图 4-7　出包工程的会计核算

【实例 24】 ▶▶▶

建造营业大楼（出包）的会计核算

某企业计划建造营业大楼一幢，承包给某建筑工程公司。按照承包合同规定，工程全部价款为 5000000 元，企业先预付 60%，余款待工程竣工后付清。

（1）以银行存款预付工程价款，编制会计分录：

借：在建工程——预付工程价款		3000000
贷：银行存款		3000000

（2）工程竣工，企业收到承包公司账单，以银行存款补付工程价款，编制会计分录：

借：在建工程——出包大楼工程		5000000
贷：在建工程——预付工程价款		3000000
银行存款		2000000

（3）营业大楼交付使用，按实际发生的全部支出结转，编制会计分录：

借：固定资产——营业大楼		5000000
贷：在建工程——出包大楼工程		5000000

如果建造的固定资产已竣工交付使用，但尚未办理竣工决算，企业应估价转入"固定资产"账户，并计提折旧。竣工决算办理完毕后，再按决算数调整入账价值和已计提的折旧额。

4.4.4　固定资产清理的核算

固定资产清理是指当固定资产报废和出售，以及因各种不可抗力而遭到损坏时，对固定资产进行的清理工作。

"固定资产清理"是资产类科目，用来核算企业因出售、报废和毁损等原因进行清理的固定资产净值以及在清理过程中产生的清理费用和清理收入。其借方登记固定资产转入清理的净值和在清理过程中发生的费用，贷方登记出售固定资产收回的价款、残料价值和变价收入。贷方余额表示清理后的净收益，借方余额表示清理后的净损失，清理完毕后应将贷方或借方余额转入"营业外收入""营业外支出"或"资产处置损益"等科目。

固定资产清理的会计核算要点如表 4-7 所示。

表 4-7 固定资产清理的会计核算要点

序号	业务内容	会计处理
1	出售、报废和毁损的固定资产转入清理时	借：固定资产清理（转入清理的固定资产账面价值） 累计折旧（已计提的折旧） 固定资产减值准备（已计提的减值准备） 贷：固定资产（固定资产的账面原价）
2	发生清理费用时	借：固定资产清理 贷：银行存款
3	计算应缴纳的税费时	借：固定资产清理 贷：应交税费——应交增值税（销项税额）
4	出售固定资产收回的价款、残料价值和变价收入时	借：银行存款 原材料等 贷：固定资产清理
5	取得保险公司或过失人的赔偿时	借：其他应收款 贷：固定资产清理
6	固定资产清理后的净收益	借：固定资产清理 贷：管理费用（属于筹建期间） 营业外收入资产处置损益
7	固定资产清理后的净损失	借：资产处置损益（出售、转让固定资产） 营业外支出——非常损失（属于生产经营期间自然灾害等非正常原因造成的损失） 营业外支出——处理固定资产净损失（属于生产经营期间正常的处理损失） 贷：固定资产清理

4.4.4.1 固定资产出售的核算

企业对不需要的或多余的固定资产，可以有偿转让，出售给其他单位。固定资产出售时，应转销固定资产原值和已计提累计折旧数，并将净值转入"固定资产清理"账户。出售固定资产的价款与固定资产净值之间的差额应记入"资产处置损益"账户。

【实例 25】▶▶▶

出售旧汽车的会计核算

某企业有旧汽车一辆，账面原值为 180000 元，已计提折旧 80000 元，现以 120000元出售，不考虑相关税费，价款存入银行，编制会计分录：

（1）将旧汽车转入清理

　　借：固定资产清理——汽车　　　　　　　　　　　　　　　100000

　　　　累计折旧　　　　　　　　　　　　　　　　　　　　　80000

　　　　贷：固定资产——汽车　　　　　　　　　　　　　　　180000

（2）收到价款，存入银行

　　借：银行存款　　　　　　　　　　　　　　　　　　　　120000

　　　　贷：固定资产清理——汽车　　　　　　　　　　　　　120000

（3）将"固定资产清理"账户贷方余额转入资产处置损益

　　借：固定资产清理——汽车　　　　　　　　　　　　　　　20000

　　　　贷：资产处置损益　　　　　　　　　　　　　　　　　20000

4.4.4.2　固定资产报废和毁损的核算

固定资产在使用过程中，由于不断损耗而丧失功能，应按规定程序进行报废处理。

固定资产报废时应转入清理，除转销原值及已计提折旧外，还应将残值转入"固定资产清理"账户的借方；清理过程中所发生的残料作价收入以及保险公司或过失人的赔偿款，应分别转入"固定资产清理"账户的贷方。清理的净值，应按不同情况进行处理：属于正常处理的损失，以"营业外支出——处理固定资产损失"账户处理；属于自然灾害等非正常原因造成的毁损，以"营业外支出——非常损失"账户处理。

【实例 26】▶▶▶

旧运输设备清理的会计核算

某企业有旧运输设备一台，原值为 120000 元，预计使用年限为 10 年，估计残值率为 5%，已计提折旧 114000 元，现使用期已满，进行报废处理。在清理过程中发生清理费用 500 元，以银行存款支付；残料入库，作价 1400 元，不考虑相关税费，编制会计分录：

（1）转销报废设备账面价值

　　借：固定资产清理——运输设备　　　　　　　　　　　　　6000

　　　　累计折旧　　　　　　　　　　　　　　　　　　　　114000

　　　　贷：固定资产——运输设备　　　　　　　　　　　　120000

（2）支付清理费用

　　借：固定资产清理——运输设备　　　　　　　　　　　　　500

　　　　贷：银行存款　　　　　　　　　　　　　　　　　　　500

（3）残料作价入库

  借：材料物资   1400

    贷：固定资产清理——运输设备   1400

（4）清理完毕，结转清理损失。"固定资产清理"账户的借方余额为5100元，即 6000+500-1400=5100元

  借：营业外支出——处理固定资产损失   5100

    贷：固定资产清理——运输设备   5100

4.4.5　固定资产的折旧

固定资产在使用过程中因磨损、消耗，使用价值会逐渐降低，即发生固定资产折旧。

4.4.5.1　固定资产的折旧方法

固定资产折旧的计算可以采用平均年限法、工作量法、双倍余额递减法、年数总和法等，其中，双倍余额递减法、年数总和法属于加速折旧法。

（1）平均年限法

平均年限法又称直线法，是将固定资产折旧均衡地分摊到每一期。使用这种方法计算的每期折旧额是相等的，计算公式为：

$$年折旧率 = \frac{1-预计净残值率}{预计使用寿命（年）} \times 100\%$$

$$月折旧率 = 年折旧率 \div 12$$

$$月折旧额 = 固定资产原值 \times 月折旧率$$

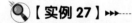 【实例27】▶▶▶

设备折旧计算（平均年限法）

  某公司有一台设备，原值为100000元，预计可使用10年，按照有关规定，该设备报废时的净残值率为5%。用平均年限法计算该设备的月折旧率和月折旧额为：

$$年折旧率 = \frac{1-5\%}{10} \times 100\% = 9.5\%$$

$$月折旧率 = 9.5\% \div 12 = 0.79\%$$

$$月折旧额 = 100000 \times 0.79\% = 790（元）$$

（2）工作量法

工作量法是根据实际工作量计提折旧额的一种方法。例如，按照行驶里程计算折旧额：

$$单位里程折旧额=\frac{固定资产原值×（1-预计净残值率）}{总行驶里程}$$

按工作小时计算折旧额：

$$单位工作小时折旧额=\frac{固定资产原值×（1-预计净残值率）}{总工作小时}$$

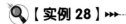 【实例 28】▶▶▶--

设备折旧计算（工作量法）

某公司一辆货车的原值为 50000 元，预计总行驶里程为 500000 千米，报废时的净残值率为 5%，本月行驶 10000 千米。该辆货车的月折旧额为：

$$单位里程折旧额=\frac{50000×（1-5\%）}{500000}×100\%=9.5\%$$

本月折旧额 =10000×9.5%=950（元）

（3）双倍余额递减法

双倍余额递减法是在不考虑固定资产残值的情况下，根据每期期初固定资产账面净值和双倍直线法折旧率计算固定资产折旧的一种方法，计算公式为：

$$年折旧率=\frac{2}{折旧年限}×100\%$$

$$月折旧额=年折旧额÷12$$

$$年折旧额=每期期初固定资产账面净值×年折旧率$$

> **提醒您**
>
> 实行双倍余额递减法时，在固定资产折旧年限到期前的后两年，每年要按固定资产净值扣除预计净残值后余额的 **50%** 计提。

🔍【实例29】▶▶▶--

设备折旧计算（双倍余额递减法）

某公司一台固定资产的原价为100000元，预计使用年限为5年，预计净残值为3000元。以双倍余额递减法计算折旧，具体过程为：

$$年折旧率=\frac{2}{5}\times100\%=40\%$$

第1年应计提的折旧额 =100000×40%=40000（元）

第2年应计提的折旧额 =（100000-40000）×40%=24000（元）

第3年应计提的折旧额 =（100000-40000-24000）×40%=14400（元）

第4年、第5年的年折旧额分别 =［（100000-40000-24000

－14400）-3000］×50%

=9300（元）

各月折旧额则用年折旧额除以12来计算。

（4）年数总和法

年数总和法是用固定资产应计提折旧总额乘以一个变动折旧率来计算每期折旧额的一种方法，计算公式为：

$$年折旧率=\frac{折旧年限-已使用年限}{折旧年限\times(折旧年限+1)\div2}\times100\%$$

$$年折旧额=（固定资产原值-预计净残值）\times年折旧率$$

$$月折旧额=固定资产年折旧额\div12$$

🔍【实例30】▶▶▶--

设备折旧计算（年数总和法）

某公司一台固定资产的原价为100000元，折旧年限为5年，预计净残值为5000元。以年数总和法计算折旧，具体过程为：

首先确定从第1年到第5年每年的折旧率，依次为$\frac{5}{15}$，$\frac{4}{15}$，$\frac{3}{15}$，$\frac{2}{15}$，$\frac{1}{15}$。

第1年应计提的折旧额 =（100000-5000）×$\frac{5}{15}$=31666.67（元）

$$第2年应计提的折旧额 = （100000-5000）\times \frac{4}{15} = 25333.33（元）$$

$$第3年应计提的折旧额 = （100000-5000）\times \frac{3}{15} = 19000（元）$$

$$第4年应计提的折旧额 = （100000-5000）\times \frac{2}{15} = 12666.67（元）$$

$$第5年应计提的折旧额 = （100000-5000）\times \frac{1}{15} = 6333.33（元）$$

4.4.5.2　固定资产折旧的会计处理

"累计折旧"科目属于资产的备抵调整科目，其结构与资产科目相反，累计折旧是贷方登记增加，借方登记减少，余额在贷方。

固定资产折旧的会计处理要点如表4-8所示。

表 4-8　固定资产折旧的会计处理要点

序号	业务内容	会计处理
1	按月计提固定资产折旧	借：管理费用 　　销售费用 　　其他业务成本 贷：累计折旧
2	因出售、报废清理、盘亏等原因减少固定资产，应转销已计提折旧额	借：累计折旧 贷：相关科目

4.5　流动负债核算

流动负债是指将在一年或一年以内的一个营业周期内偿还的债务（见图4-8）。

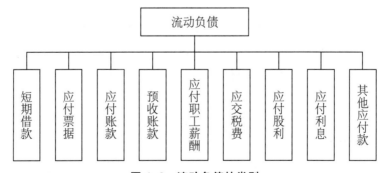

图 4-8　流动负债的类别

以下主要就短期借款、应付票据、应付账款、预收账款、应付职工薪酬的核算进行说明。

4.5.1 短期借款的核算

短期借款是指企业向银行或其他金融机构借入的期限在一年以下（含一年）的各种借款。

短期借款的核算，应设置"短期借款""应付利息"等会计科目（见图4-9）。

同时，按债权人、借款种类、还款时间等设置明细账。

图4-9 短期借款业务的会计分录

🔍 【实例31】 ▶▶▶ --

短期借款（6个月）的会计核算

某公司 2025 年 1 月 1 日从银行贷款 1000000 元，月利率为 1‰，期限 6 个月，到期一次还本付息，相应的账务处理为：

（1）借款时

借：银行存款   1000000

   贷：短期借款   1000000

（2）每月底计提利息时

借：财务费用   1000

   贷：应付利息   1000

（3）7 月 1 日还本付息时

借：短期借款   1000000

    应付利息   6000

   贷：银行存款   1006000

4.5.2 应付账款的核算

应付账款是指企业因购买材料、商品或接受劳务等应支付给供应单位的款项。进行应付账款核算时，首先要建立"应付账款"总账，然后按供应单位设置明细账。

应付账款的核算要点如图 4-10 所示。

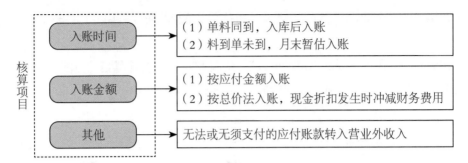

图 4-10 应付账款的核算要点

应付账款业务的会计分录如表 4-9 所示。

表 4-9 应付账款业务的会计分录

序号	业务内容	会计处理
1	购入的材料、商品等已验收入库，但货款尚未支付	借：原材料或库存商品 　　应交税费——应交增值税（进项税额） 贷：应付账款
2	接受供应单位提供的劳务	借：管理费用等 贷：应付账款
3	偿还应付账款	借：应付账款 贷：银行存款

🔍【实例 32】▶▶▶ --

购买材料应付款的会计核算

A 企业为一般纳税人。2025 年 2 月 7 日，A 企业从 B 公司购进甲材料一批，增值税专用发票上注明的价款为 20000 元，增值税税额为 2600 元，B 公司代垫运费 1000 元，甲材料已运到并验收入库，款项于 2 月 16 日支付。

（1）不附折扣条件的情形。

购买材料时：

借：材料采购——甲材料　　　　　　　　　　　　　　　　　21000

　　应交税费——应交增值税（进项税额）　　　　　　　　　2600

　　贷：应付账款——B公司　　　　　　　　　　　　　　　23600

2月16日付款时：

  借：应付账款——B公司   23600

    贷：银行存款   23600

（2）若上例附有现金折扣，即按总价款的2%给予优惠，10天内付款。

  借：应付账款——B公司   23600

    贷：银行存款   23128

      财务费用（23600×2%）   472

4.5.3 预收账款的核算

预收账款是指企业按照合同规定，向购货方或劳务购买方预先收取的款项。

预收账款业务不多的企业，可以不设"预收账款"账户，而是直接将预收账款记入"应收账款"账户进行核算，如图4-11所示。

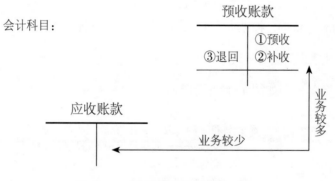

图4-11 "预收账款"账户的设置

🔍【实例33】▶▶▶ --

预收货款的会计核算

2024年7月10日，A企业与B公司签订了购货合同，A企业向B公司供货，供货金额为100000元，应交增值税13000元（增值税率为13%），B公司预付货款70000元，剩余货款待交货后再支付。

（1）预收货款时

  借：银行存款   70000

    贷：预收账款——B公司   70000

（2）按合同发出商品时

借：预收账款——B公司　113000

　　贷：主营业务收入　100000

　　　　应交税费——应交增值税（销项税额）　13000

（3）收到B公司补付货款时

借：银行存款　43000

　　贷：预收账款——B公司　43000

4.5.4　应付票据的核算

应付票据就是企业购买材料、商品或接受劳务等开出、承兑的商业汇票，包括银行承兑汇票和商业承兑汇票。

应付票据的核算主要包括签发或承兑商业汇票、支付票款、计算带息票据利息等内容。

4.5.4.1　应付票据的入账价值

（1）不带息的应付票据，按票据面值计价入账。

（2）带息的应付票据，按票据面值和期末计提的利息计价入账。

4.5.4.2　应付票据的会计处理

应付票据的会计处理如图4-12所示。

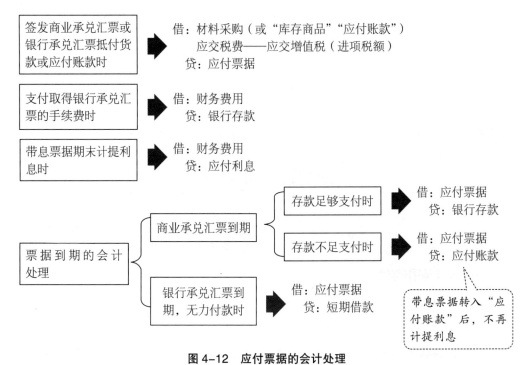

图4-12　应付票据的会计处理

【实例 34】▶▶▶ --

带息银行承兑汇票的会计核算

A 企业 2024 年 7 月 1 日从 B 公司购入乙材料一批，价款 60000 元，增值税 7800 元。A 企业开出一张为期 3 个月、票面利率 6%、面值 67800 元的带息银行承兑汇票，乙材料已运达并验收入库，取得银行承兑汇票时支付手续费 600 元。

（1）支付银行承兑汇票手续费时

借：财务费用	600
贷：银行存款	600

（2）购入材料，交付银行承兑汇票时

借：原材料——乙材料	60000
应交税费——应交增值税（进项税额）	7800
贷：应付票据——B公司	67800

（3）计提票据利息时

借：财务费用	339
贷：应付票据——B公司	339

（4）到期支付票款时

借：应付票据——B 公司	68478
财务费用	339
贷：银行存款	68817

（5）到期无力付款时

借：应付票据——B 公司	68478
财务费用	339
贷：短期借款	68817

4.5.5　应付职工薪酬的核算

4.5.5.1　职工薪酬的内容

职工薪酬的内容包括图 4-13 所列的几个方面。

内容一	职工工资、奖金、津贴和补贴

内容二	职工福利费

内容三	医疗保险费、养老保险费、失业保险费、工伤保险费和生育保险费等社会保险费

内容四	住房公积金

内容五	工会经费和职工教育经费

内容六	非货币性福利，如将产品作为福利发放给职工

内容七	因与职工解除劳动关系而给予职工的补偿，如辞退补偿金

内容八	与获得职工服务相关的其他支出

图4-13　职工薪酬的内容

4.5.5.2　账户设置——应付职工薪酬

"应付职工薪酬"账户对应付职工薪酬的提取、结算、使用等情况进行核算，可设置下列明细账。

```
应付职工薪酬——工资
          ——职工福利
          ——社会保险
          ——住房公积金
          ——工会经费
          ——职工教育经费
          ——非货币性福利等
```

4.5.5.3　应付职工薪酬的会计处理

（1）货币性应付职工薪酬的核算

货币性应付职工薪酬核算的要求如图4-14所示。

借：生产成本（生产工人工资）
　　制造费用（车间管理人员工资）
　　管理费用（管理部门人员工资）
　　销售费用（销售人员工资）
　　在建工程（在建工程人员工资）
　　研发支出（研发人员工资）
　　贷：应付职工薪酬——工资
借：生产成本（职工福利等）
　　制造费用（职工福利等）
　　管理费用（职工福利等）
　　销售费用（职工福利等）
　　在建工程（职工福利等）
　　研发支出（职工福利等）
　　贷：应付职工薪酬——职工福利等

确认货币性职工薪酬（按提供服务的受益对象确认）

借：应付职工薪酬——工资
　　　　　　　　　　——社会保险等明细
　　贷：银行存款（或"库存现金"）
　　　　其他应收款（为职工垫付的款项）
　　　　其他应付款（代扣代缴的款项）
　　　　应交税费——应交个人所得税

发放货币性职工薪酬

图4-14　货币性应付职工薪酬核算的要求

🔍**【实例35】** ▶▶▶ --

发放工资的会计核算

2024年6月，A公司财务部门编制了工资结算汇总表，其中，基本生产车间生产工人工资80000元，辅助生产车间生产工人工资20000元，车间管理人员工资10000元，行政管理人员工资22000元，产品销售部门人员工资20000元，在建工程人员工资10000元，福利部门人员工资12000元，并按工资总额的14%计提福利费。

（1）根据"工资费用分配表"处理如下。

借：生产成本——基本生产成本 　　　　　　　　　　80000
　　　　　　　——辅助生产成本 　　　　　　　　　　20000
　　制造费用 　　　　　　　　　　　　　　　　　　10000
　　管理费用 　　　　　　　　　　　　　　　　　　22000
　　销售费用 　　　　　　　　　　　　　　　　　　20000
　　在建工程 　　　　　　　　　　　　　　　　　　10000
　　贷：应付职工薪酬——职工工资 　　　　　　　　162000

（2）根据"职工福利费用计提计算表"处理如下。

借：生产成本——基本生产成本（80000×14%）　　　　　11200

　　　　　　　——辅助生产成本（20000×14%）　　　　　2800

　　制造费用（10000×14%）　　　　　　　　　　　　　　1400

　　管理费用（22000×14%）　　　　　　　　　　　　　　3080

　　销售费用（20000×14%）　　　　　　　　　　　　　　2800

　　在建工程（10000×14%）　　　　　　　　　　　　　　1400

　　贷：应付职工薪酬——职工福利费　　　　　　　　　　22680

（2）非货币性职工薪酬

① 以自产产品作为福利发放给职工。

按产品的公允价值确认。

借：管理费用

　　生产成本等

　　贷：应付职工薪酬——非货币性福利

🔍【实例 36】▶▶▶

发放福利（电风扇）的会计核算

2024 年 6 月，某生产企业给 100 名直接参加生产的职工和 10 名总部管理人员每人发放电风扇 1 台，成本价 50 元，市场价 70 元，增值税税率 13%。

（1）按产品的公允价值，确认职工薪酬

借：管理费用（10×70×1.13）　　　　　　　　　　　　791

　　生产成本（100×70×1.13）　　　　　　　　　　　7910

　　贷：应付职工薪酬——非货币性福利　　　　　　　　8701

（2）发放给职工时

借：应付职工薪酬——非货币性福利　　　　　　　　　8701

　　贷：主营业务收入　　　　　　　　　　　　　　　7700

　　　　应交税费——应交增值税（销项税额）　　　　1001

（3）结转产品成本时

借：主营业务成本　　　　　　　　　　　　　　　　　5500

　　贷：库存商品　　　　　　　　　　　　　　　　　5500

② 将企业拥有的房屋等资产无偿提供给职工使用。

借：管理费用等

　　贷：应付职工薪酬——非货币性福利

同时，

借：应付职工薪酬——非货币性福利

　　贷：累计折旧

【实例 37】▶▶▶

经理免费使用小汽车的会计核算

某公司为总部部门经理每人提供一辆小汽车免费使用，该公司总部共有部门经理 20 人，假定每辆小汽车每月计提折旧 1000 元。

要求：编制与职工薪酬有关业务的会计分录。

借：管理费用　　　　　　　　　　　　　　　　　20000

　　贷：应付职工薪酬——非货币性福利　　　　　20000

同时，

借：应付职工薪酬——非货币性福利　　　　　　　20000

　　贷：累计折旧　　　　　　　　　　　　　　　20000

③ 租赁房屋给职工无偿使用。

a. 确认非货币性职工薪酬

借：管理费用等

　　贷：应付职工薪酬——非货币性福利

b. 支付房屋租金

借：应付职工薪酬——非货币性福利

　　贷：银行存款

4.6　非流动负债核算

非流动负债是指流动负债以外的负债，包括长期借款、应付债券和长期应付款等。

4.6.1　长期借款的核算

长期借款是指向银行或其他金融机构借入的偿还期在一年或超过一年的一个营业周期以上的借款。

4.6.1.1　长期借款利息的计算

（1）单利的计算

$$利息=本金\times利率\times期数$$

$$本利和=本金+利息=本金\times（1+利率\times期数）$$

（2）复利的计算

$$本利和=本金\times（1+利率）$$

4.6.1.2　长期借款的核算

（1）账户设置

"长期借款"账户：核算长期借款的借入、应计利息、归还等事项。

"应付利息"账户：核算长期借款分期计提和支付的利息。

（2）长期借款的账务处理

① 借入时

　借：银行存款

　　贷：长期借款

② 计提利息时

计提利息的会计处理如图4-15所示。

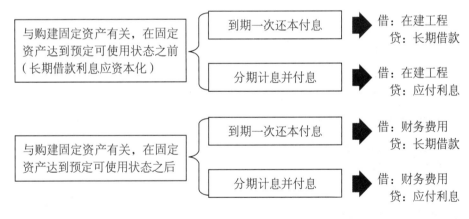

图4-15　计提利息的会计处理

【实例38】▶▶▶

3年期借款（到期一次还本付息）的会计核算

某企业从银行借入100000元用于企业经营，期限为3年，年利率为8%，按复利计息，每年计息一次，到期一次还本付息。

（1）借入时

借：银行存款   100000

 贷：长期借款   100000

（2）计息时

第一年年末计息 =100000×8% =8000（元）

第二年年末计息 =（100000+8000）×8% =8640（元）

第三年年末计息 =（100000+8000+8640）×8% =9331.20（元）

借：财务费用   8000

 贷：长期借款   8000

借：财务费用   8640

 贷：长期借款   8640

借：财务费用   9331.20

 贷：长期借款   9331.20

（3）归还时

借：长期借款   125971.20

 贷：银行存款   125971.20

【实例39】▶▶

3年期借款（分期计息并付息）的会计核算

某企业某年1月1日从银行借入1000000元，全部用于厂房建造，年利率为10%，借款期限为3年，每年年末归还利息，到期归还本金。厂房于第二年6月30日完工，并交付使用。

（1）借入时

借：在建工程   1000000

 贷：长期借款   1000000

（2）第一年年末计息时

借：在建工程   100000

 贷：应付利息   100000

（3）第一年年末付息时

借：应付利息   100000

 贷：银行存款   100000

（4）第二年6月30日工程完工前，利息应记入"在建工程"

　　借：在建工程　　　　　　　　　　　　　　　50000

　　　　贷：应付利息　　　　　　　　　　　　　　50000

（5）第二年6月30日工程完工交付使用时

　　借：固定资产　　　　　　　　　　　　　　1150000

　　　　贷：在建工程　　　　　　　　　　　　1150000

（6）第二年7月至第二年年末的利息，应记入"财务费用"

　　借：财务费用　　　　　　　　　　　　　　　50000

　　　　贷：应付利息　　　　　　　　　　　　　　50000

（7）第二年年末付息时

　　借：应付利息　　　　　　　　　　　　　　　100000

　　　　贷：银行存款　　　　　　　　　　　　　100000

（8）第三年年末计息时

　　借：财务费用　　　　　　　　　　　　　　　100000

　　　　贷：应付利息　　　　　　　　　　　　　100000

（9）第三年年末付息时

　　借：应付利息　　　　　　　　　　　　　　　100000

　　　　贷：银行存款　　　　　　　　　　　　　100000

（10）第三年年末归还本金时

　　借：长期借款　　　　　　　　　　　　　　1000000

　　　　贷：银行存款　　　　　　　　　　　　1000000

4.6.2　长期应付款的核算

4.6.2.1　长期应付款的核算内容

长期应付款是指企业融资租入固定资产、分期付款购入固定资产时发生的应付款。

4.6.2.2　长期应付款的会计处理

　　借：固定资产（或"在建工程"）

　　　　未确认融资费用（应支付的总价款超过资产价值的部分）

　　　　贷：长期应付款

　　借：财务费用

　　　　贷：未确认融资费用（按实际利率法摊销）

4.6.3 应付债券的核算

4.6.3.1 应付债券的含义

应付债券是企业按照规定程序发行的约定在一定期限内还本付息的有价证券，其实质是一种长期应付票据。债券可以在证券市场自由流通转让，是企业筹集长期资金的重要手段。

4.6.3.2 应付债券应设置的账户

应付债券核算时，应设置"应付债券"账户。

借记：偿还债券的本息数、折价发行的折价部分、溢价摊销的数额等。

贷记：发行债券的面值、按规定计提的利息、溢价发行的溢价部分、折价摊销的数额等。

贷方余额：表示尚未偿还的债券本息。

此外，在"应付债券"账户之下还应设置"债券面值""债券溢价""债券折价""应计利息"四个明细账户。

4.6.3.3 应付债券的账务处理

（1）企业发行债券筹集资金

企业发行债券筹集资金的账务处理如图4-16所示。

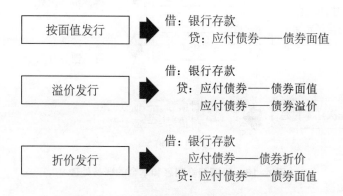

图4-16 企业发行债券筹集资金的账务处理

（2）计提债券利息、摊销债券溢价和折价

计算公式为：

$$应计提债券利息=债券票面价值×债券票面利率$$

$$应摊销债券溢价=应计提债券利息-债券实际利息费用$$

$$应摊销债券折价=债券实际利息费用-应计提债券利息$$

债券实际利息费用=债券的账面价值×实际利率

债券各期账面价值=债券的面值+各期末摊销的债券溢价

或：

=债券的面值-各期末摊销的债券折价

计提债券利息的账务处理如图 4-17 所示。

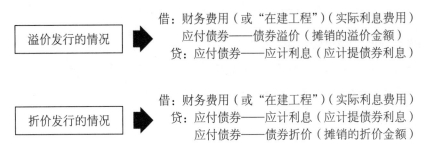

图 4-17 计提债券利息的账务处理

（3）偿还债券利息和本金

偿还债券利息和本金的账务处理如图 4-18 所示。

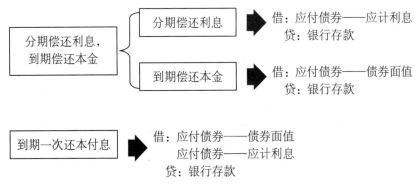

图 4-18 偿还债券利息和本金的账务处理

【实例 40】▶▶▶

发行债券（每年付息一次）的会计核算

某企业发行债券，面值为 500000 元，票面利率为 10%，实际利率为 8%，偿还期为 3 年，每年付息一次，发行后所得款 525770 元已存入银行，用于工程建设，第二年年末工程完工交付使用。

1. 发行债券收取款项时

借: 银行存款　　　　　　　　　　　　　　　　　　　　　525770

　　贷: 应付债券——债券面值　　　　　　　　　　　　　　　500000

　　　　应付债券——债券溢价　　　　　　　　　　　　　　　25770

2. 每年计提利息、摊销溢价时

（1）各年应计提利息、应摊销溢价及各年实际利息费用的计算见下表。

A	B	C	D	E	F
付息期次	各期实际利息费用	各期票面利息	各期摊销溢价	未摊销溢价	应付债券账面价值
	F×8%	面值×10%	C-B	E-D	面值+E
发行时				25770	525770
1	42061.60	50000.00	7938.40	17831.60	517831.60
2	41426.53	50000.00	8573.47	9258.13	509258.13
3	40741.87	50000.00	9258.13	0	500000.00
合计	124230.00	150000.00	25770.00	—	—

（2）各年计提利息、溢价摊销的账务处理。

①第一年，借: 在建工程　　　　　　　　　　　　　　　　　42061.60

　　　　　　　应付债券——债券溢价　　　　　　　　　　　　7938.40

　　　　　　贷: 应付债券——应计利息　　　　　　　　　　　50000.00

②第二年，借: 在建工程　　　　　　　　　　　　　　　　　41426.53

　　　　　　　应付债券——债券溢价　　　　　　　　　　　　8573.47

　　　　　　贷: 应付债券——应计利息　　　　　　　　　　　50000.00

③第三年，借: 财务费用　　　　　　　　　　　　　　　　　40741.87

　　　　　　　应付债券——债券溢价　　　　　　　　　　　　9258.13

　　　　　　贷: 应付债券——应计利息　　　　　　　　　　　50000.00

④第一、第二、第三年付息时的账务处理相同，即:

借: 应付债券——应计利息　　　　　　　　　　　　　　　　50000

　　贷: 银行存款　　　　　　　　　　　　　　　　　　　　50000

（3）到期还本。

借: 应付债券——债券面值　　　　　　　　　　　　　　　　500000

　　贷: 银行存款　　　　　　　　　　　　　　　　　　　　500000

🔍【实例 41】▸▸▸ --

发行债券（每半年付息一次）的会计核算

假如实例 40 中的实际利率为 12%，每半年付息一次，发行价款 475413 元已存入银行，其他条件不变。

1. 发行债券收取款项时

借：银行存款　　　　　　　　　　　　　　　　　　　475413

　　应付债券——债券折价　　　　　　　　　　　　　24587

　　贷：应付债券——债券面值　　　　　　　　　　　500000

2. 每年计提利息、摊销折价时

（1）各年应计提利息、应摊销折价及各年实际利息费用的计算见下表。

A	B	C	D	E	F
付息期次	各期实际利息费用	各期票面利息	各期摊销溢价	未摊销溢价	应付债券账面价值
	F×12%÷2	面值×10%÷2	B−C	E−D	面值−E
发行时				24587.00	475413.00
1	28524.78	25000.00	3524.78	21062.22	478937.78
2	28736.27	25000.00	3736.27	17325.95	482674.05
3	28960.44	25000.00	3960.44	13365.51	486634.49
4	29198.07	25000.00	4198.07	9167.44	490832.56
5	29449.95	25000.00	4449.95	4717.49	495282.51
6	29717.49	25000.00	4717.49	0	500000.00
合计	174587.00	150000.00	24587.00	—	—

（2）各年计提利息、折价摊销的账务处理。

①第一期，借：在建工程　　　　　　　　　　　　　　28524.78

　　　　　　　贷：应付债券——应计利息　　　　　　25000.00

　　　　　　　　　应付债券——债券折价　　　　　　3524.78

②第二期，借：在建工程　　　　　　　　　　　　　　28736.27

　　　　　　　贷：应付债券——应计利息　　　　　　25000.00

　　　　　　　　　应付债券——债券折价　　　　　　3736.27

③第三期，借：在建工程   28960.44

         贷：应付债券——应计利息   25000.00

             应付债券——债券折价   3960.44

④第四期，借：在建工程   29198.07

         贷：应付债券——应计利息   25000.00

             应付债券——债券折价   4198.07

⑤第五期，借：财务费用   29449.95

         贷：应付债券——应计利息   25000.00

             应付债券——债券折价   4449.95

⑥第六期，借：财务费用   29717.49

         贷：应付债券——应计利息   25000.00

             应付债券——债券折价   4717.49

⑦各期付息时的账务处理相同，即：

   借：应付债券——应计利息   25000.00

     贷：银行存款   25000.00

（3）到期还本。

   借：应付债券——债券面值   500000

     贷：银行存款   500000

4.7 收入核算

4.7.1 直接收款交货方式销售的核算

企业采用直接收款交货方式销售产品时，收到货款并把发票账单和提货单交给买方时，确认收入实现。这时应根据有关凭证借记"银行存款""应收票据""应收账款"等科目，贷记"主营业务收入""应交税费——应交增值税"等科目。同时，结转发出产品的实际成本（产品销售成本可以在平时逐笔结转，也可于月末集中一次结转），借记"主营业务成本"科目，贷记"库存商品"科目。

需要缴纳消费税、资源税、城市维护建设税、教育费附加等税费的，应在确认收入的同时，或在月份终了时，按应交税费金额，借记"营业税金及附加"等科目，贷记"应交税费——应交消费税（应交资源税、应交教育费附加、应交城市维护建设税等）"科目。

🔍 **【实例 42】**▶▶▶--

销售产品（直接收款交货）的会计核算

某公司销售产品 50 件，单位售价 100 元，增值税税率为 13%，款项已经收到。该批产品单位成本为 70 元。假定消费税税率为 5%。

（1）该业务符合销售收入确认的条件，涉及"主营业务收入""银行存款""应交税费"等科目，会计分录为：

借：银行存款		5650
贷：主营业务收入		5000
应交税费——应交增值税（销项税额）		650

（2）计算应缴纳的消费税，应贷记"应交税费"科目，借记"营业税金及附加"科目，会计分录为：

借：营业税金及附加		250
贷：应交税费——应交消费税		250

（3）结转销售成本，会计分录为：

借：主营业务成本		3500
贷：库存商品		3500

4.7.2　托收承付方式销售的核算

托收承付是指根据购销合同，收款人发货后委托银行向异地购货单位收取货款，购货单位根据合同对单或对证验货后，向银行承认付款的一种结算方式。

（1）商品已经发出且办妥托收手续，编制会计分录：

　借：应收账款等

　　贷：主营业务收入

　　　　应交税费——应交增值税（销项税额）

　借：主营业务成本

　　　存货跌价准备（已销售商品的减值损失）

　　贷：库存商品

（2）商品已经发出且办妥托收手续，但由于各种原因，与发出商品所有权有关的风险和报酬未转移，此时企业不能确认收入，应编制会计分录：

　借：发出商品

　　贷：库存商品等

若增值税纳税义务已经发生，编制会计分录：

借：应收账款等

贷：应交税费——应交增值税（销项税额）

 【实例 43】▶▶▶ ··

销售产品（托收承付）的会计核算

某公司以托收承付方式向 A 厂销售一批商品，成本为 50000 元，增值税专用发票上注明售价 100000 元，增值税税额为 13000 元（税率为 13%），该批商品已经发出，并向银行办妥托收手续。A 厂承诺付款。

企业尚未收到款项，故应按应收账款处理。这项经济业务涉及"应收账款""主营业务收入""应交税费——应交增值税"科目，会计分录为：

借：应收账款—— A 厂　　　　　　　　　　113000

　　贷：主营业务收入　　　　　　　　　　100000

　　　　应交税费——应交增值税（销项税额）　　13000

结转销售成本时，应从"库存商品"科目结转至"主营业务成本"科目，会计分录为：

借：主营业务成本　　　　　　　　　　　50000

　　贷：库存商品　　　　　　　　　　　50000

4.7.3　分期收款销售的核算

分期收款销售是指商品已经交付但货款分期收回的销售方式。分期收款销售的特点是，销售商品的价值较大，如汽车、重型设备等；收款期较长，有的是几年，有的长达几十年；收取货款的风险较大。因此，在分期收款销售方式下，企业应按照合同约定的收款日期分期确认销售收入。

采用分期收款销售的企业，应设置"分期收款发出商品"科目，核算已经发出但尚未结转的产品成本。

（1）企业发出商品时，应按商品的实际成本，借记"分期收款发出商品"科目，贷记"库存商品"科目。

（2）每期销售实现时，应按本期应收的货款金额，借记"银行存款"或"应收账款"科目；按当期实现的销售收入，贷记"主营业务收入"科目；按增值税发票上注明的增值税金额，贷记"应交税费——应交增值税（销项税额）"科目。同时，按商品全部销售成本与全部销售收入的比率计算出本期应结转的销售成本，借记"主营业务成本"科目，贷记"分期收款发出商品"科目。

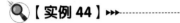 **【实例 44】**

销售产品（分期收款）的会计核算

某公司 2024 年 7 月 1 日采用分期收款方式销售甲商品一台，售价 400000 元，增值税税率为 13%，实际成本为 200000 元，合同约定款项在 1 年内按季度平均收回，每季度末为收款日期，每季度收回货款 100000 元。

（1）发出商品时，会计分录为：

    借：分期收款发出商品　　　　　　　　　　　　　　　200000

      贷：库存商品　　　　　　　　　　　　　　　　　　　　　200000

（2）每季度末收款时，会计分录为：

    借：应收账款（或银行存款）　　　　　　　　　　　　113000

      贷：主营业务收入　　　　　　　　　　　　　　　　　　100000

         应交税费——应交增值税（销项税额）　　　　　　13000

同时结转商品成本，会计分录为：

    借：主营业务成本　　　　　　　　　　　　　　　　　　50000

      贷：分期收款发出商品　　　　　　　　　　　　　　　　50000

4.7.4　销售折扣的核算

企业在销售产品时会发生两种折扣：一种是商业折扣；另一种是现金折扣。

商业折扣是指企业为促进销售而在商品标价上给予的折扣。例如，企业为鼓励买方购买更多的商品，对购买 10 件以上者给予 10% 的折扣。这种折扣对会计处理并不产生影响，企业只要按扣除商业折扣后的净额确认销售收入即可。

现金折扣是指债权人为鼓励债务人在规定的期限内提前付款，而给予债务人的债务扣除。现金折扣通常发生在以赊销方式销售商品及提供劳务的交易中。企业为了鼓励客户提前偿付货款，通常与客户达成协议，客户在不同的期限内付款可享受不同比例的折扣。现金折扣一般用符号"折扣／付款期限"表示。

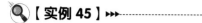

【实例 45 】▶▶▶---

销售产品（有折扣）的会计核算

某公司于 2024 年 7 月 1 日销售商品一批，增值税专用发票上注明售价为 10000 元，增值税税额为 1300 元。公司为了及早收回货款，而在合同中规定符合现金折扣的条件为 "2/10，1/20，n/30"，假定计算折扣时不考虑增值税。

（1）7 月 1 日销售实现时，应按全部价款入账。这项经济业务涉及 "应收账款""主营业务收入""应交税费——应交增值税" 科目，会计分录为：

借：应收账款　　　　　　　　　　　　　　　　　　11300
　　贷：主营业务收入　　　　　　　　　　　　　　　10000
　　　　应交税费——应交增值税（销项税额）　　　　1300

（2）如果 7 月 8 日买方付清货款，则按售价的 2% 享受现金折扣 200 元（10000×2%）。因此，企业应借记 "银行存款""财务费用" 科目，同时贷记 "应收账款" 科目。

借：银行存款　　　　　　　　　　　　　　　　　　11400
　　财务费用　　　　　　　　　　　　　　　　　　　200
　　贷：应收账款　　　　　　　　　　　　　　　　11300

4.7.5 销售折让的核算

销售折让是指企业因售出商品的质量不合格而在售价上给予的减让。企业发生销售折让时，应在实际发生时冲减当期收入。按规定允许扣除当期销项税额的，应同时用红字冲减 "应交税费——应交增值税" 科目的 "销项税额" 专栏。

【实例 46 】▶▶▶---

销售产品（质量不合格有折让）的会计核算

某公司销售商品一批，增值税专用发票上的售价为 20000 元，增值税税额为 2600 元，货到后买方发现商品质量不合格，要求该公司在价格上给予 5% 的折让。

（1）销售实现时，涉及 "应收账款""主营业务收入""应交税费——应交增值税（销项税额）" 科目，会计分录为：

借：应收账款	22600
贷：主营业务收入	20000
应交税费——应交增值税（销项税额）	2600

（2）发生销售折让时，应减少当期的营业收入，因此，借记"主营业务收入""应交税费——应交增值税（销项税额）"科目，贷记"应收账款"科目，会计分录为：

借：主营业务收入	1000
应交税费——应交增值税（销项税额）	130
贷：应收账款	1130

（3）实际收到款项时，应借记"银行存款"科目，贷记"应收账款"科目，会计分录为：

| 借：银行存款 | 21470 |
| 贷：应收账款 | 21470 |

4.7.6 销售退回的核算

销售退回是指企业售出的商品因质量、品种不符合要求而发生的退回。

企业确认收入后发生销售退回的，不论是当年销售，还是以前年度销售，一般均应冲减退回当月的销售收入，同时冲减退回当月的销售成本；如该项销售已经发生现金折扣或销售折让，应在退回当月一并调整。企业发生销售退回时，按规定允许扣减当期销项税额的，应同时用红字冲减"应交税费——应交增值税"科目的"销项税额"专栏。

🔍 **【实例47】** ▶▶▶

销售产品（质量不合格退回）的会计核算（1）

某生产企业销售 A 商品一批，售价为 10000 元，增值税税额为 1300 元，成本为 6000 元，货款已收回。不久，该批商品因质量严重不合格而被退回。

（1）销售商品时，按实现营业收入核算，涉及"银行存款""主营业务收入""应交税费——应交增值税"科目，会计分录为：

借：银行存款	11300
贷：主营业务收入	10000
应交税费——应交增值税（销项税额）	1300

（2）结转实现营业收入的成本，应从"库存商品"科目结转至"主营业务成本"科目，会计分录为：

借：主营业务成本 6000

　　贷：库存商品 6000

（3）发生销售退回时，应冲减营业收入，借记"主营业务收入""应交税费——应交增值税"科目，同时，贷记"银行存款"科目，会计分录为：

借：主营业务收入 10000

　　应交税费——应交增值税（销项税额） 1300

　　贷：银行存款 11300

（4）冲减当月退回商品的销售成本，从"主营业务成本"科目转入"库存商品"科目，会计分录为：

借：库存商品 6000

　　贷：主营业务成本 6000

【实例48】▶▶▶

销售产品（质量不合格退回）的会计核算（2）

某公司于2024年5月4日销售B商品一批，售价为20000元，增值税税额为2600元，成本为12000元。合同规定的现金折扣条件为"2/10，1/20，n/30"。买方于5月10日付款。2024年8月20日，该批产品因质量严重不合格被退回，该公司进行如下账务处理。

（1）销售商品时，会计分录为：

借：应收账款 22600

　　贷：主营业务收入 20000

　　　　应交税费——应交增值税（销项税额） 2600

（2）结转实现营业收入的成本，从"库存商品"科目结转至"主营业务成本"科目，会计分录为：

借：主营业务成本 12000

　　贷：库存商品 12000

（3）收到货款时，买方5月10日付款应享受2%的现金折扣400元（20000×2%）。因此，该公司应借记"银行存款""财务费用"科目，贷记"应收账款"科目，会计分录为：

借：银行存款 22200

　　财务费用 400

　　贷：应收账款 22600

（4）销售退回时，应冲减企业的营业收入，此项经济业务涉及"主营业务收入""应交税费——应交增值税""银行存款""财务费用"科目，会计分录为：

借：主营业务收入	20000
应交税费——应交增值税（销项税额）	2600
贷：银行存款	22200
财务费用	400

（5）发生销售退回时，还应借记"库存商品"科目，贷记"主营业务成本"科目，会计分录为：

借：库存商品	12000
贷：主营业务成本	12000

4.7.7 提供劳务收入的核算

提供劳务收入是指企业通过提供劳务而取得的收入，一般按企业与接收劳务方签订的合同或协议约定的金额确认。若存在现金折扣，则在实际发生时记入财务费用。

按提供劳务交易的结果能否可靠地计量，分以下两种情况分别确认。

4.7.7.1 交易结果能够可靠计量

交易结果能够可靠计量是指在资产负债表日，企业提供劳务的结果（完成程度）能够可靠地估计。

应采用完工百分比法确认提供劳务收入，同时确认与该收入相关的成本，计算公式为：

$$\begin{array}{c}\text{本年应确} \\ \text{认的收入}\end{array} = \begin{array}{c}\text{提供劳务} \\ \text{收入总额}\end{array} \times \begin{array}{c}\text{本年末劳务的} \\ \text{完成程度}\end{array} - \begin{array}{c}\text{以前年度已} \\ \text{确认的收入}\end{array}$$

【实例 49】 ▶▶▶ --

设备安装收入的计算

2024 年 12 月 1 日，某公司接受一项设备安装业务，合同约定的安装费总额为 200000 元（可实现收入总额）。至 2024 年 12 月 31 日，实际发生安装成本 60000 元。估计至设备安装完成，还会发生安装成本 90000 元。该公司 2024 年劳务收入的计算公式为：

$$\begin{array}{c}2024年应确\\认的收入\end{array} = \begin{array}{c}提供劳务\\收入总额\end{array} \times \begin{array}{c}本年末劳务的\\完成程度\end{array} - \begin{array}{c}以前年度已\\确认的收入\end{array}$$

$$=200000 \times \frac{60000}{60000+90000} - 0$$

$$=80000（元）$$

该公司 2024 年安装工程完成程度为 40%。

根据已知条件，预计至 2025 年设备安装完成还会发生成本 90000 元。2025 年劳务收入的计算公式为：

$$\begin{array}{c}2025年应确\\认的收入\end{array} = \begin{array}{c}提供劳务\\收入总额\end{array} \times \begin{array}{c}本年末劳务的\\完成程度\end{array} - \begin{array}{c}以前年度已\\确认的收入\end{array}$$

$$=200000 \times \frac{60000+90000}{60000+90000} - 80000$$

$$=120000（元）$$

该公司 2025 年安装工程完成程度为 100%。

【实例50】▶▶▶

预收设备安装费的会计核算

2024 年 12 月 1 日，某公司接受一项设备安装业务，安装费总额为 200000 元，对方预付 50% 款项，剩余款项待设备验收合格后支付。至 2024 年 12 月 31 日，实际发生安装成本 60000 元，其中，安装人员工资 36000 元，领用库存原材料 5000 元，其余均以银行存款支付。估计设备安装完毕，还会发生安装成本 90000 元。该公司 2024 年的账务处理为：

（1）预收 50% 的劳务价款，会计分录为：

借：银行存款　　　　　　　　　　　　　　　　　　　100000

　　贷：预收账款　　　　　　　　　　　　　　　　　　100000

（2）支付 2024 年实际发生的安装成本，会计分录为：

①借：劳务成本　　　　　　　　　　　　　　　　　　36000

　　贷：应付职工薪酬　　　　　　　　　　　　　　　　36000

②借：劳务成本　　　　　　　　　　　　　　　　　　5000

　　贷：原材料　　　　　　　　　　　　　　　　　　　5000

③ 借：劳务成本　　　　　　　　　　　　　　　　　19000

　　贷：银行存款　　　　　　　　　　　　　　　　19000

（3）确认劳务完成程度：

劳务完成程度 =60000÷（60000+90000）×100%=40%

（4）根据劳务完成程度确认 2024 年度的劳务收入：

2024 年劳务收入 =200000×40%=80000（元）

会计分录为：

① 确认 2024 年收入

　　借：预收账款　　　　　　　　　　　　　　　　80000

　　　贷：主营业务收入　　　　　　　　　　　　　80000

② 结转 2024 年劳务成本

　　借：主营业务成本　　　　　　　　　　　　　　60000

　　　贷：劳务成本　　　　　　　　　　　　　　　60000

4.7.7.2　交易结果不能够可靠计量

在资产负债表日，如果提供劳务交易的结果不能可靠估计，企业应当根据资产负债表日已经收回或预计将收回的款项对已经发生劳务成本的补偿程度，按以下情况进行会计处理。

（1）如果已经发生的劳务成本预计能够得到补偿，应当按照已经发生的劳务成本金额确认劳务收入，并结转劳务成本。

（2）如果已经发生的劳务成本预计不能得到补偿，应当将已经发生的劳务成本记入当期损益，不确认劳务收入。

4.7.8　让渡资产使用权收入的核算

让渡资产使用权收入是指企业通过让渡资产使用权而取得的收入，如投资收益。

4.7.8.1　让渡资产使用权收入的内容

企业并不转移资产的所有权，只是通过让渡资产使用权而取得收入，主要包括以下两项：

（1）利息收入是指金融企业存款、贷款形成的利息收入，以及同业之间发生往来形成的利息收入。

（2）使用费收入是指他人使用本企业无形资产（如商标权、专利权、专营权、软件、版权等）等而形成的使用费收入。

4.7.8.2 让渡资产使用权收入的确认

让渡资产使用权收入应当在以下条件均满足时予以确认。

（1）相关的经济利益很可能流入企业。

（2）收入的金额能够可靠地计量。

4.7.8.3 让渡资产使用权收入的计量

让渡资产使用权收入应按下列方法分别计量。

（1）利息收入：应根据让渡资产使用权的时间和适用利率计算确定。

（2）使用费收入：应根据合同或协议规定的收费时间和方法计算确定。

4.8 成本核算

成本核算就是将企业在生产经营过程中发生的费用，按照一定的对象进行归集和分配，并根据各构成项目计算各对象的总成本和单位成本。

4.8.1 成本核算的过程

企业在进行成本核算时，一般遵循图 4-19 所示的程序。

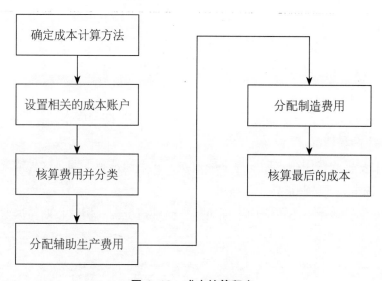

图 4-19 成本核算程序

4.8.1.1 确定成本核算方法

开展成本核算之前，必须确定具体的计算方法。常见的成本计算方法及适用范围和实施要点如表 4-10 所示。

表 4-10　常见的成本计算方法及适用范围和实施要点

方法	适用范围	实施要点
品种法	大批量、单步骤生产，如发电、采掘等企业	（1）按品种设置成本明细账、制造费用明细账 （2）分栏设置成本、费用科目
分批法	单件和小批的多步骤生产，如重型机械、船舶、精密工具、仪器等制造企业	（1）以产品的生产周期（从生产到完工的整个周期）作为成本计算期，一般不需要在完工产品和在制品之间分配 （2）企业会计人员应按不同的批次设置产品生产成本和辅助生产成本明细账，并按成本项目分别设栏
分步法	连续、大量、多步骤生产的企业，如冶金、机械、纺织、造纸等企业	（1）按步骤和产品品种设置产品成本明细账目，区分成本项目归集生产费用 （2）通常按月份计算成本，并且将生产费用在完工产品、在制品和半成品之间进行分配

4.8.1.2　设置相关的成本账户

为了计算产品的成本，必须设置相关的科目。

（1）成本科目

企业应设置一个专门的"生产成本"科目，借方汇集生产产品而发生的各种费用，贷方反映产品完工转出的制造成本。

（2）费用科目

企业一般都是生产多种产品，因此，直接费用可以直接记入产品成本，而间接费用则要先汇总再分摊至各核算对象。企业应设置"制造费用"科目。

（3）支出科目

生产中发生的支出不一定都要记入生产成本，支出期间与成本计算期间可能不一致，支出发生有以下两种情况。

① 生产中发生的费用在本期发挥全部效益，并不递延到下期，这种情况应把费用直接记入"生产成本"或"制造费用"科目。

② 本期发生的费用支出不应由本期负担，这种情况应利用"长期待摊费用"等科目分摊。

> **提醒您**
>
> 企业在生产中容易出现废品和停工，就需要设置"废品损失"和"停工损失"科目，把这些损失汇集到"废品损失"和"停工损失"科目的借方，然后在贷方作出恰当的处理并转出。如果是正常损失，应分配到产品成本，否则应转入"管理费用"或"营业外支出"科目。

4.8.1.3 核算费用并分类

成本计算的过程是一个费用汇集和分配（摊）的过程，因此企业必须核算费用并进行分类。

（1）费用汇总

要想对各类费用开支进行合计，就必须准确反映企业当期到底有哪些开支、哪些费用。

（2）费用分类

对于发生的费用，一般按不同的用途进行分类。

① 费用发生后效用期较长的，应向后期递延。

② 效用发生在当期而开支发生在后期的费用，可预提。

③ 开支在本期，效用也在本期的费用，记入当期成本，并进行分类。

4.8.1.4 分配辅助生产费用

"生产成本"总账下有两个明细科目。

（1）基本生产，用于核算产品的生产成本。

（2）辅助生产，用于核算为生产产品服务的有关生产部门的成本。

辅助生产也是一种生产活动，可为基本生产提供必要的产品和劳务，同时也要消耗各类生产费用并计算产品成本。辅助生产成本的计算，需要设置"辅助生产"明细科目，借方汇集发生的各项费用，贷方反映辅助生产车间完工的产成品成本，同时转入基本生产明细账。

提醒您

辅助生产明细科目在期末要转入基本生产明细账，因此一般没有余额。

4.8.1.5 分配制造费用

产品成本由直接材料、直接人工和制造费用三部分组成，其中的直接材料和直接人工属于直接费用，直接记入"生产成本"科目；而制造费用则是间接费用，应先在"制造费用"科目汇集，然后再分配到"生产成本"科目。

4.8.1.6 核算最后的成本

通过上述步骤，可将本期发生的全部成本进行核算，具体计算公式为：

期初余额+本期发生的全部生产成本=期末在制品成本+产成品成本

产成品成本=期初余额+本期发生的全部生产成本−期末在制品成本

产成品成本计算出来后，还应用产成品总成本除以总产量，求出单位成本，这样产品成本核算才算全部结束。

如果企业没有在制品，则产成品成本就等于生产成本账户的期初余额加上本期发生的全部生产成本总额。

4.8.2 主营业务成本核算

主营业务成本是指企业生产和销售与主营业务有关的产品或服务所必须投入的直接成本。主营业务成本核算如表4-11所示。

表4-11 主营业务成本核算

类别	业务内容		会计处理
1	月份终了，计算并结转本月销售商品的成本（也可以在销售时同步结转）		借：主营业务成本 　　贷：库存商品
2	分期收款销售商品时，计算应结转的成本		借：主营业务成本 （实现销售时，按总成本结转） 　　贷：库存商品
3	本月销售的商品有退回		借：库存商品 　　贷：主营业务成本
4	结转代销商品成本	采用进价核算的	借：主营业务成本（按进价） 　　贷：受托代销商品 同时，还应按进价编制如下会计分录 借：代销商品款 　　贷：应付账款
		采用售价核算的	借：主营业务成本（按售价） 　　贷：委托代销商品 同时，还应按售价编制如下会计分录 借：代销商品款 　　贷：应付账款

4.8.3 营业税金及附加核算

"营业税金及附加"科目包含了两个方面的内容：第一，根据营业收入征收的增值税税额（营业税金）；第二，根据增值税税额按一定比例征收的附加税费，如城市维护建设税、教育费附加等。在会计处理上，应把当期应交的营业税金及其他附加税费都转入"营业税金及附加"科目。

借：营业税金及附加
　贷：应交税费——应交增值税
　　　应交税费——应交城市维护建设税
　　　应交税费——应交教育费附加等

然后，在月末结转的时候，将"营业税金及附加"科目中的金额转入"本年利润"科目借方。"营业税金及附加"科目月末无余额。

营业税金及附加核算如表4-12所示。

表4-12　营业税金及附加核算

序号	业务内容	会计处理
1	计算应由主营业务负担的税金及附加，如增值税、消费税、城市维护建设税、资源税、土地增值税及教育费附加等	借：营业税金及附加 　贷：应交税费
2	收到退回的原记入本科目的各项税金	借：银行存款 　贷：营业税金及附加

4.8.4　其他业务成本核算

其他业务成本是指除主营业务活动以外的企业其他经营活动所产生的成本，包括销售材料成本、出租固定资产的折旧额、出租无形资产的摊销额、出租包装物的成本或摊销额等。其他业务成本的核算如表4-13所示。

表4-13　其他业务成本的核算

序号	业务内容		会计处理
1	月份终了，结转原材料销售的实际成本		借：其他业务成本 　贷：原材料
2	包装物	结转出租包装物的成本	借：其他业务成本 　贷：周转材料
		包装物不能使用而报废时	借：原材料（残料的价值） 　贷：其他业务成本
3	发生的其他业务成本		借：其他业务成本 　贷：银行存款 　　　应付职工薪酬 　　　应交税费 　　　累计折旧等

4.8.5 销售费用核算

销售费用是指企业在销售产品、自制半成品和提供劳务等过程中发生的各项费用，包括由企业负担的包装费、运输费、广告费、装卸费、保险费、委托代销手续费、展览费、租赁费（不含融资租赁费）、销售服务费、销售部门人员工资、职工福利费、差旅费、折旧费、修理费、物料消耗、低值易耗品摊销以及其他费用等。与销售有关的差旅费应记入销售费用。

销售费用的核算如表4-14所示。

表4-14 销售费用的核算

序号	业务内容	会计处理
1	在销售商品过程中发生的运输费、装卸费、包装费、保险费、展览费和广告费	借：销售费用 　　贷：库存现金 　　　　银行存款
2	企业为销售本企业商品而专设的销售机构发生的职工工资、福利费、业务费等	借：销售费用 　　贷：银行存款 　　　　应付职工薪酬——工资 　　　　应付职工薪酬——职工福利费

4.8.6 管理费用核算

管理费用是指企业行政管理部门为组织开展经营活动而发生的各项费用，包括企业经费、职工教育经费、业务招待费、税费、技术转让费、无形资产摊销、咨询费、诉讼费、开办费摊销、劳动保险费、失业保险费、董事会会费以及其他管理费用。

发生各项管理费用时，企业应编制会计分录：

借：管理费用
　　贷：银行存款
　　　　应付职工薪酬等

4.8.7 财务费用核算

财务费用是指企业在生产经营过程中为筹集资金而发生的各项费用，包括图4-20所示的项目。

 利息支出 ☞ 指企业短期借款、长期借款、应付票据、票据贴现、应付债券、长期应付款等利息支出（资本化利息除外）减去银行存款利息收入后的净额

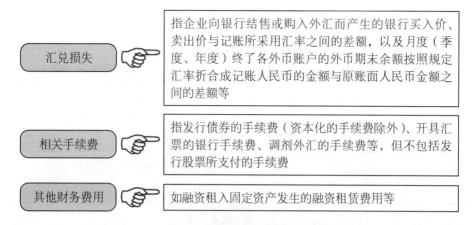

图 4-20 财务费用包括的项目

财务费用核算如表 4-15 所示。

表 4-15 财务费用核算

类别	业务内容	会计处理
1	发生的各项财务费用	借：财务费用 　贷：银行存款
2	发生的利息支出	借：财务费用 　贷：银行存款

4.8.8 营业外支出核算

营业外支出是指企业发生的与生产经营活动无直接关系的各项支出，如图 4-21 所示。

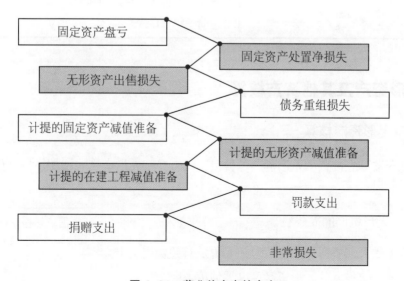

图 4-21 营业外支出的内容

营业外支出核算如表4-16所示。

表4-16 营业外支出的核算

类别	业务内容	会计处理
1	固定资产清理损失	借：营业外支出——固定资产清理净损失 贷：固定资产清理
2	固定资产盘亏	借：营业外支出——固定资产盘亏 贷：固定资产
3	罚款支出	借：营业外支出 贷：银行存款
4	物资非常损失	借：营业外支出——非常损失 贷：库存商品、在途物资

4.8.9 所得税费用核算

所得税费用是指企业经营利润应缴纳的所得税。所得税费用的核算如表4-17所示。

表4-17 所得税费用的核算

序号	业务内容	会计处理
1	计算应交所得税	借：所得税费用 贷：应交税费——应交所得税
2	缴纳所得税	借：应交税费——应交所得税 贷：银行存款等

4.9 无形资产及其他资产核算

4.9.1 无形资产核算

无形资产核算应设置"无形资产"科目，借方登记无形资产的增加，贷方登记无形资产的减少。

4.9.1.1 无形资产的入账

（1）购入的无形资产，入账价包括买价及有关费用支出。

（2）其他单位投入的无形资产，以评估价入账。

（3）自行开发的无形资产，以开发过程中的实际成本入账。

注意：研究阶段的支出记入当期损益（管理费用）；开发阶段的支出先归集，再资本化（无形资产）；无法区分的支出记入当期损益（管理费用）。

（4）捐赠的无形资产，以评估价或市价入账。

4.9.1.2　无形资产摊销期限的确定

（1）法律和合同中分别规定有效期限和受益年限的，按孰短原则确定。

（2）法律未规定合同有规定的，按规定的受益年限确定。

（3）法律有规定合同未规定的，按规定的有效年限确定。

（4）法律和合同均未规定的，无形资产不予摊销。

（5）当月增加的无形资产当月摊销。

> **提醒您**
>
> （1）无形资产摊销除可以用直线法外，还可以用年数总和法。
>
> （2）一般无形资产摊销记入管理费用，出租的无形资产摊销记入其他业务成本，产品生产专用的无形资产摊销记入制造费用。
>
> （3）无形资产摊销时，不直接冲减无形资产，而是记入累计摊销。

4.9.1.3　无形资产的核算

无形资产的核算如表4-18所示。

表4-18　无形资产的核算

业务内容		会计处理
无形资产增加	购入无形资产	借：无形资产（实际支出） 贷：银行存款（实际支出）
	投资者投入的无形资产	借：无形资产（投资各方确认的价值） 贷：实收资本等
	自创无形资产：开发期间发生资本化的费用	借：研发支出（实际支出） 贷：原材料等（实际支出）
	自创无形资产：开发期间发生费用化的费用	借：管理费用（实际支出） 贷：原材料等（实际支出）
无形资产摊销		借：管理费用等（摊销额） 贷：累计摊销（摊销额）

业务内容		会计处理
无形资产转让	无形资产所有权转让	借：银行存款 　　　无形资产减值准备累计摊销 贷：无形资产 　　　应交税费——应交增值税（销项税额） 资产处置损益（也可能在借方）
	无形资产使用权转让	（1）取得收入 借：银行存款（实际金额） 　　贷：其他业务收入（实际金额） 应交税费——应交增值税（销项税额） （2）结转成本 借：其他业务成本（实际金额） 　　贷：银行存款累计摊销等（实际金额）

4.9.2　其他资产核算

4.9.2.1　其他资产的内容

（1）长期待摊费用是指摊销期在一年以上的资本性支出，包括大修理支出、开办费、经营性租入固定资产改良支出等。

长期待摊费用核算的科目为"长期待摊费用"，借方登记长期待摊费用的增加，贷方登记长期待摊费用的减少。

（2）企业筹建期间发生的与固定资产有关的费用支出不记入开办费，而是记入固定资产成本；开办费可以在开始经营之日的当年一次性扣除，也可以在不低于3年的期限内分期摊销。

（3）经营性租入固定资产改良支出应在租赁期内平均摊销。

（4）大修理支出应在下一次大修理之前平均摊销。

4.9.2.2　长期待摊费用核算

长期待摊费用的核算如表4-19所示。

表4-19　长期待摊费用的核算

序号	业务内容	会计处理
1	企业发生的长期待摊费用	借：长期待摊费用 　　贷：银行存款等
2	摊销长期待摊费用	借：销售费用 　　管理费用等 　　贷：长期待摊费用（摊销额）

4.10　所有者权益核算

所有者权益是指所有者在企业资产中享有的经济利益。所有者权益＝资产－负债，即企业的净资产。所有者权益的构成如图 4-22 所示。

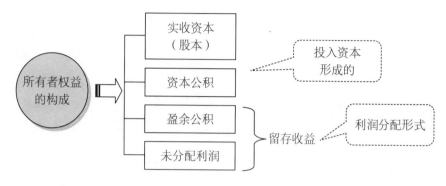

图 4-22　所有者权益的构成

4.10.1　实收资本核算

实收资本是指企业投资者在企业注册资本范围内实际投入的资本。

4.10.1.1　账户设置

企业应建立"实收资本"总账，并分别设置明细科目，如图 4-23 所示。

实收资本——××投资者	
实收资本的减少数额	实收资本的增加数额
	期末实有数额

图 4-23　"实收资本"科目

4.10.1.2　账务处理

（1）实收资本增加的核算

如果实收资本是现金，则按实际收到的或者存入企业开户银行的金额，借记"银行存款"科目；按投资者应享有企业注册资本的份额，贷记"实收资本"科目；两者的差额贷记"资本公积——资本溢价"科目。如果实收资本是非现金资产，应按投资各方确认的价值，借记有关资产科目，按投资者应享有企业注册资本的份额贷记"实收资本"科目，按两者的差额，贷记"资本公积——资本溢价"科目。实收资本增加的核算如表 4-20 所示。

表 4-20　实收资本增加的核算

类别	业务内容	会计处理
企业收到投资者投入的资本	收到现金投资	借：银行存款 　　贷：实收资本（股本）——××投资者（在注册资本中享有的份额） 　　　　资本公积——资本（股本）溢价（差额）
	收到外币投资	借：银行存款等（外币×当日市场汇率） 借或贷：资本公积——外币资本折算差额（差额） 　　贷：实收资本——××投资者（外币×合同约定汇率或当日市场汇率） 　　　　资本公积——资本（股本）溢价（差额）
	接受非现金资产投资	借：原材料 　　应交税费——应交增值税（进项税额） 　　贷：实收资本 　　　　资本公积——资本（股本）溢价
	接受固定资产投资	借：固定资产 　　应交税费——应交增值税（进项税额） 　　贷：实收资本——××投资者 　　　　资本公积——资本（股本）溢价
	接受无形资产投资	借：无形资产 　　应交税费——应交增值税（进项税额） 　　贷：实收资本 　　　　资本公积——资本（股本）溢价
企业用公积金或未分配利润增加资本		借：资本公积/盈余公积/利润分配——未分配利润等 　　贷：实收资本（股本）

（2）减资的核算

企业通常不得任意减少实收资本，但在某些特殊情况下，如资本过剩、发生重大亏损等，可按法定程序减少已登记注册的实收资本。企业按照法定程序报经批准减少注册资本的，借记"实收资本"科目，贷记"库存现金""银行存款"等科目。

实收资本减资的核算如表 4-21 所示。

表 4-21　实收资本减资的核算

序号	业务内容	会计处理
1	因资本过剩而减少实收资本时	借：实收资本 　　贷：银行存款等
2	因发生重大亏损而用实收资本来弥补时	借：实收资本 　　贷：利润分配——未分配利润

【实例51】▶▶

注册资本的会计核算

　　某企业注册资本为100000元。该企业收到：投资者A投入的现金100000元，并全部存入开户银行。投资者B投入的设备一台，双方确认的价值为200000元，投资者B在该企业注册资本份额为150000元。

　　该企业应编制会计分录：

借：银行存款	100000
固定资产	200000
贷：实收资本——投资者A	100000
——投资者B	150000
资本公积——资本溢价	50000

4.10.2 资本公积核算

　　资本公积是指企业在经营过程中由于接受捐赠、股本溢价以及法定财产重估增值等所形成的公积金。资本公积是与企业收益无关而与资本相关的贷项。

4.10.2.1 账户的设置

企业应设立"资本公积"科目，如图4-24所示。

资本公积——资本溢价等

资本公积的运用或减少	资本公积的来源或增加
	期末实有数额

图4-24 "资本公积"科目

4.10.2.2 账务处理

（1）资本溢价的核算

投资者投入的资金超过其在注册资本中所占份额的部分，通过"资本公积——资本溢价"科目核算。

① 补偿企业未确认的自创商誉。

② 补偿原投资者资本增值所享有的权益。

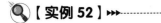

【实例 52】▶▶▶

资本溢价（新加入投资者）的会计核算

某企业创建时，3 个投资者各投入 200000 元。企业经营 3 年，这 3 个投资者均没有分配利润。第 4 年企业开始盈利，此时又有 1 个投资者想投入资金。如果 4 个投资者平均分配税后利润，那么第 4 个投资者不仅要投入 200000 元作为企业"实收资本"，还要增加投资 50000 元（投资者之间协议确定），作为"资本公积"，属于 4 个投资者的共同权益。

第 4 个投资者向企业投资时，企业"实收资本"科目余额为 600000 元；"资本公积""盈余公积"和"未分配利润"科目余额为 120000 元，是原来 3 个投资者投入资本的增值，属于 3 个投资者的权益。因此，第 4 个投资者新注入资金时，不仅要拿出 200000 元作为"实收资本"，还要再拿出 40000 元（120000÷3）作为"资本公积"，这样才能和原投资者均等分享资本增值收益。

综合上述两个条件，企业收到第 4 个投资者投入的 290000 元时，应编制会计分录：

借：银行存款   290000

  贷：实收资本   200000

    资本公积——资本溢价   90000

（2）股本溢价

企业发行股票收到现金资产时，借记"银行存款"等科目；按每股股票面值乘以发行股份总额计算的金额，贷记"股本"科目；按实际收到金额与股本之间的差额，贷记"资本公积——股本溢价"科目。

> **提醒您**
>
> 企业发行股票发生的手续费等交易费用，如果股票溢价发行，应从溢价中抵扣，冲减资本公积（股本溢价）。如果无溢价发行或溢价金额不足以抵扣，应将不足抵扣的部分冲减盈余公积和未分配利润。

【实例 53】▶▶▶

股票发行及溢价的会计核算

A 股份有限公司首次公开发行了普通股 50000000 股，每股面值 1 元，每股发行价格为 4 元。A 公司以银行存款支付发行手续费、咨询费等费用共计 6000000 元。假设发行收入已全部收到，发行费用已全部支付，不考虑其他因素，A公司的会计处理如下。

（1）收到发行收入时，会计分录为：

借：银行存款	200000000
贷：股本	50000000
资本公积——股本溢价	150000000

增加的资本公积=50000000×（4-1）=150000000（元）

（2）支付发行费用时，会计分录为：

借：资本公积——股本溢价	6000000
贷：银行存款	6000000

（3）外币资本折算差额

关于外币资本折算差额的核算通过以下实例来了解。

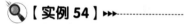

【实例54】▶▶▶

外币资本折算差额的核算

中外合资创办一家科技开发公司，注册资本为1600000元人民币或250000美元。合同规定，中方（国家）出资50%，外方（美方）出资50%。该项目有可能出现以下情况：

（1）按合同约定美元汇率1：6.4记账。中方出资800000元人民币，美方出资125000美元（收到美元时汇率为1：6.8），会计分录为：

借：银行存款——人民币户	800000
银行存款——美元户（$125 000×6.8）	850000
贷：实收资本——国家资本	800000
实收资本——外商资本（$125 000×6.4）	800000
资本公积——外币资本折算差额	50000

（2）若合同没有约定汇率，应按出资日美元汇率1：6.4记账。中方出资800000元人民币，美方出资125000美元（800000÷6.4），会计分录为：

借：银行存款——人民币户	800000
银行存款——美元户（125000美元×6.4）	800000
贷：实收资本——国家资本	800000
实收资本——外商资本（125000美元×6.4）	800000

（4）资本公积转增资本的核算

经股东大会决议，用资本公积转增资本时，应冲减资本公积，编制会计分录：

借：资本公积（转增的金额）

　　贷：实收资本（转增的金额）

4.10.3　盈余公积核算

盈余公积是指企业按照规定从净利润中提取的公积金，包括法定盈余公积和任意盈余公积。在进行盈余公积核算时，应设置"盈余公积"总账和"法定盈余公积""任意盈余公积"等明细账，具体如表4-22所示。

表4-22　盈余公积的核算

类别	业务内容	会计处理
提取盈余公积	按10%的比例提取法定盈余公积	借：利润分配——提取法定盈余公积 　　贷：盈余公积——法定盈余公积
	按自定义比例提取任意盈余公积	借：利润分配——提取任意盈余公积 　　贷：盈余公积——任意盈余公积
使用盈余公积	用法定或任意盈余公积转增资本	借：盈余公积——法定盈余公积 　　　　盈余公积——任意盈余公积 　　贷：实收资本（股本）
	用法定或任意盈余公积分配股利或利润	借：盈余公积——法定盈余公积 　　　　盈余公积——任意盈余公积 　　贷：应付股利（利润）

4.10.4　未分配利润核算

未分配利润是指企业实现的净利润经过弥补亏损、提取盈余公积和向投资者分配利润后留存在企业的利润，如图4-25所示。

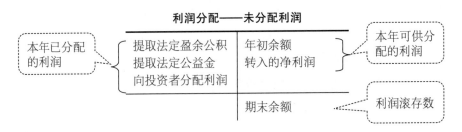

图4-25　未分配利润

4.10.4.1 未分配利润的账务处理

未分配利润的账务处理只能在年末进行，如表 4-23 所示。

表 4-23 未分配利润的核算

序号	业务内容	会计处理
1	年末结转本年实现的净利润	借：本年利润 　贷：利润分配——未分配利润
2	结转本年已分配的利润	借：利润分配——未分配利润 　贷：利润分配——提取法定盈余公积 　　利润分配——提取任意盈余公积 　　利润分配——应付利润

4.10.4.2 企业发生亏损的核算

企业发生亏损的核算分两种情况，如表 4-24 所示。

表 4-24 企业发生亏损的核算

序号	情况	核算要求
1	若以前年度发生亏损，本年盈利	（1）先用本年税前利润弥补（连续 5 年），可在账内自动弥补，不需要单独进行账务处理 （2）5 年后再用税后利润弥补，可在账内自动弥补，不需要单独进行账务处理 （3）再用盈余公积／资本公积／实收资本等弥补 　借：盈余公积／资本公积／实收资本等 　　贷：利润分配——其他转入 　借：利润分配——其他转入 　　贷：利润分配——未分配利润
2	若本年度发生亏损，以前年度盈利	（1）用以前年度的未分配利润弥补，可在账内自动弥补，不需要单独进行账务处理 （2）用以前年度的盈余公积／资本公积／实收资本等弥补 　借：盈余公积／资本公积／实收资本等 　　贷：利润分配——其他转入 　借：利润分配——其他转入 　　贷：利润分配——未分配利润 （3）用以后年度的税前利润或税后利润弥补

4.11 利润核算

4.11.1 本年利润核算

本年利润是指企业某个会计年度的净利润（或净亏损），由企业利润组成内容计算确定，是企业从公历年 1 月至 12 月逐步累计而形成的一个动态指标。

4.11.1.1 利润总额和净利润的计算

$$利润总额（或亏损总额）=营业利润+营业外收入-营业外支出$$

$$净利润=利润总额-所得税费用$$

营业利润是企业在生产经营过程中实现的利润，是企业利润总额的主要组成部分。

$$营业利润=营业收入-营业成本-营业税金及附加-销售费用-管理费用-财务费用-$$
$$资产减值损失+公允价值变动收益+投资收益$$

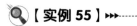 【实例 55】▶▶▶--

某企业月末利润计算

月末，某企业损益类科目余额如下表所示。

某企业损益类科目余额

单位：元

项目	金额	项目	金额
主营业务收入	280000	主营业务成本	120000
其他业务收入	6000	营业税金及附加	5200
投资收益	2200	其他业务成本	4200
营业外收入	1800	管理费用	12600
		财务费用	3600
		销售费用	6300
		所得税费用	45342
合计	29000	合计	197242

则：营业利润 =280000+6000+2200-120000-4200-5200-12600-3600-6300
　　　　 =136300（元）

利润总额 =136300+1800=138100（元）

净利润 =138100-45342=92758（元）

4.11.1.2 本年利润结转的账务处理

"本年利润"是一个汇总类科目，贷方登记企业当期实现的各项收入，包括主营业务收入、其他业务收入、投资收益、营业外收入等；借方登记企业当期发生的各项费用与支出，包括主营业务成本、营业税金及附加、其他业务成本、销售费用、管理费用、财务费用、投资损失、营业外支出、所得税费用等。借方与贷方发生额相抵后，若为贷方余额，则表示企业本期经营活动实现的净利润；若为借方余额，则表示企业本期发生的亏损，如图 4-26 所示。

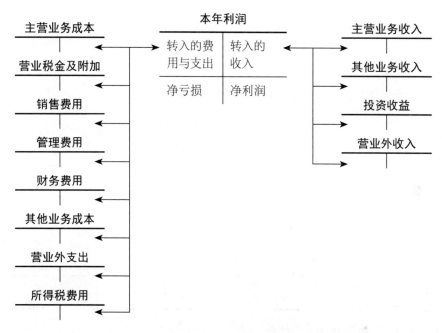

图 4-26 "本年利润"科目借贷双方示意图

（1）本年利润的核算要求

① 企业期（月）末结转利润时，应将各损益类科目的金额转入"本年利润"，结平各损益类科目。

② 年度终了，应将本年收入和支出相抵结出本年实现的净利润，并转入"利润分配"科目，借记本科目，贷记"利润分配——未分配利润"科目；净亏损则编制相反的会计分录，结转后本科目无余额。

"本年利润"科目的余额表示年度内累计实现的净利润或净亏损，该科目平时不结转，而是在年终一次性转至"利润分配——未分配利润"科目，借记"本年利润"科目，贷记"利润分配——未分配利润"科目。亏损则编制相反的会计分录。年终利润分配各明细账只有未分配利润有余额，其他明细账需要转平，借记"利润分配——未分配利润"科目，贷记"利润分配——提取盈余公积、向投资者分配利润等"科目。

（2）"本年利润"科目的设置

为了使"本年利润"科目能准确、及时地反映当期利润额而又不增加企业编制分录的工作量，在实际工作中，"本年利润"账页通常采用多栏式。将"主营业务收入""主营业务成本""营业税金及附加"等科目，由一级科目转变为"本年利润"下的二级科目，减少了结转时的工作量。但"收入""成本"下设的产品明细账仍需按数量和金额登记。根据"附表"账页在期末结出发生额，使编制损益表无须查看多本账簿，通过"本年利润"就能满足需要。"销售费用""管理费用""财务费用"等费用，每月发生额不大或业务笔数不多时，也可直接作为"本年利润"的二级科目使用，以减少结转的工作量。如果上述费用金额较大或业务笔数较多，仍需根据实际情况设置明细账，期末结转到"本年利润"科目中。

（3）本年利润的核算步骤

本年利润的核算分四步进行，如图4-27所示。

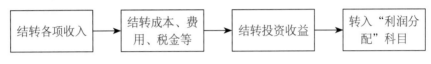

图4-27　本年利润的核算步骤

本年利润的核算步骤及会计处理如表4-25所示。

表4-25　本年利润的核算步骤及会计处理

序号	步骤	具体说明		会计处理
1	结转各项收入	期末结转利润时,应将"主营业务收入""其他业务收入""营业外收入"等科目余额转入"本年利润"科目		借：主营业务收入 　　其他业务收入 　　营业外收入等 　贷：本年利润
2	结转成本、费用、税金等	将"主营业务成本""管理费用""财务费用""营业税金及附加""营业外支出"等科目期末余额转入"本年利润"科目		借：本年利润 　贷：主营业务成本 　　　营业税金及附加 　　　其他业务成本 　　　销售费用 　　　管理费用 　　　财务费用 　　　营业外支出等
3	结转投资收益（损失）	结转投资收益	将投资收益账户的净收益转入"本年利润"科目	借：投资收益 　贷：本年利润
		结转投资损失	将投资收益账户的净损失转入"本年利润"科目	借：本年利润 　贷：投资收益
4	转入"利润分配"科目	年度终了，将本年收入和支出相抵后结出的本年实现的净利润全部转入"利润分配"科目。结转后的"本年利润"科目没有余额		借：本年利润 　贷：利润分配——未分配利润

【实例 56】▶▶▶ ---

某企业年底收入类科目结转

12 月 31 日，某企业将收入类科目的余额转入"本年利润"科目，其中，主营业务收入 170000 元，其他业务收入 20000 元，营业外收入 50000 元，投资收益 15000 元。

企业编制会计分录：

借：主营业务收入		170000
其他业务收入		20000
营业外收入		50000
投资收益		15000
贷：本年利润		255000

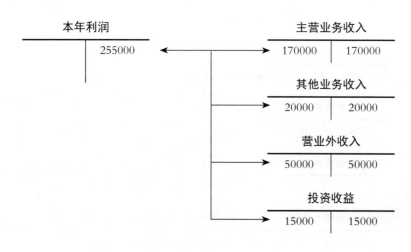

收入类科目结转

【实例 57】▶▶▶ ---

某企业年底成本费用类科目结转

接实例 56，12 月 31 日，某企业将成本费用科目的余额转入"本年利润"科目，其中，主营业务成本 106000 元，营业税金及附加 935 元，销售费用 3000 元，管理费用 19365 元，财务费用 700 元，其他业务成本 10000 元，营业外支出 25000 元。

企业编制会计分录：

借：本年利润 165000
　　贷：主营业务成本 106000
　　　　营业税金及附加 935
　　　　销售费用 3000
　　　　管理费用 19365
　　　　财务费用 700
　　　　其他业务成本 10000
　　　　营业外支出 25000

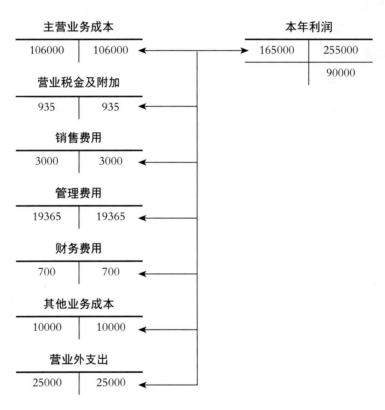

成本费用类科目结转

由实例 56 与实例 57 可知，企业实现的利润总额为 90000 元（255000–165000），按 25％的税率计提和结转应交所得税费用 22500 元（90000×25％），会计分录为：

借：所得税费用 22500
　　贷：应交税费——应交所得税 22500

将"所得税费用"科目余额结转"本年利润"科目，会计分录为：

借：本年利润 22500
　　贷：所得税费用 22500

4.11.2 利润分配核算

4.11.2.1 利润分配的顺序

利润分配应根据相关法规规定的顺序进行。

（1）弥补企业以前年度亏损。

（2）提取盈余公积。企业弥补完亏损后，应按当年净利润（减去弥补以前年度亏损）的10%提取法定盈余公积，当法定盈余公积累计额已达注册资本的50%时可不再提取。在提取完法定盈余公积后，企业可根据实际情况自行决定提取任意盈余公积。

（3）向投资者分配利润。

4.11.2.2 利润分配的核算

利润分配核算的要点如图4-28所示。

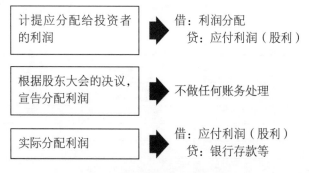

图4-28 利润分配核算的要点

年度终了，除了"未分配利润"明细账外，利润分配中的其他明细科目都没有余额。

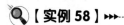 【实例58】▶▶ ---

年底利润分配的核算

接实例57，将"本年利润"科目余额67500元（90000-22500）转入"利润分配"科目所属的"未分配利润"明细分类科目的贷方，会计分录为：

借：本年利润   67500

    贷：利润分配——未分配利润   67500

按税后净利润的10%提取法定盈余公积，会计分录为：

借：利润分配——提取法定盈余公积   6750

    贷：盈余公积——法定盈余公积   6750

期末，企业计算应向投资者分配利润15000元，会计分录为：

借：利润分配——应付利润   15000

  贷：应付利润   15000

  年终决算时，将"利润分配"科目各明细分类科目的借方合计数 21750 元（其中，提取法定盈余公积 6750 元，应付利润 15000 元）结转到"利润分配"科目所属的"未分配利润"明细分类科目的借方，会计分录为：

借：利润分配——未分配利润   21750

  贷：利润分配——提取盈余公积   6750

    利润分配——应付利润   15000

学习笔记

请对本章的学习做一个小结，将你认为的重点事项和不懂事项分别列出来，以便于自己进一步学习与提升。

本章重点事项
1.
2.
3.
4.
5.

本章不懂事项
1.
2.
3.
4.
5.

个人心得
1.
2.
3.
4.
5.

第 5 章

财产清查

 学习目标：

1.了解财产清查的内容、财产清查的分类、财产清查的方法。

2.掌握库存现金清查、银行存款清查、往来款项清查等的方法。

3.了解财产清查结果的处理要求、财产清查结果的分类，掌握盘盈与盘亏的处理。

5.1 财产清查概述

财产清查是指通过实地盘点、核对、查询，确定各项财产物资、货币资金、往来款项的实际结存数，并与账存数核对，以保证账实相符的一种专门的会计核算方法。

5.1.1 财产清查的内容

财产清查内容不仅包括实物，而且也包括各项债权、债务等往来款项；不仅包括存放于本企业的各项财产物资，也包括属于但未存放于本企业的财产物资。财产清查的具体内容如图 5-1 所示。

内容一	货币资金的清查，包括现金、银行存款、其他货币资金
内容二	存货的清查，包括各种材料、在产品、半成品、库存商品等
内容三	固定资产的清查，包括房屋、建筑物、机器设备、工器具、运输工具等
内容四	在建工程的清查，包括自营工程和出包工程
内容五	交易性金融资产、可供出售金融资产、持有至到期投资、长期股权投资等的清查
内容六	无形资产和其他资产的清查
内容七	应收、应付款项的清查，包括应收账款、其他应收款、应付账款和其他应付款等

图 5-1 财产清查的具体内容

5.1.2 财产清查的分类

财产清查可以按不同的标准进行分类。根据清查范围，可以分为全面清查和局部清查；根据清查时间，可以分为定期清查和不定期清查，具体如表 5-1 所示。

表 5–1 财产清查的分类

标准	分类	说明
按财产清查的范围	全面清查	（1）全面清查是指对所有财产进行全面清查、盘点与核对。清查的内容主要包括： ① 固定资产、原材料、在产品、库存商品、在途物资、委托其他单位加工或保管的物资、受托代保管物资等 ② 现金、银行存款、在途货币资金、股票、债券等 ③ 应收账款、应付账款、其他应收款、其他应付款、各种银行借款等 （2）全面清查一般发生在年终决算之前，单位撤销、合并或改变隶属关系前，中外合资、国内合资前，企业改制前，开展全面资产评估、清产核资前，单位主要领导调离工作前等
	局部清查	局部清查是指根据需要对部分财产物资进行盘点与核对。局部清查一般包括下列内容（流动性较强的资产）： （1）现金每日清点一次 （2）银行存款每月至少同银行核对一次 （3）债权债务每年至少核对一至两次 （4）各项存货应有计划、有重点地抽查 （5）贵重物品每月清查一次等
按财产清查的时间	定期清查	定期清查是指按计划在规定的时间内对财产进行清查，一般是在月末、季末或年终结账前进行。定期清查可以是全面清查，也可以是局部清查
	不定期清查	不定期清查一般是局部清查，是指临时进行的财产清查，因此也称临时清查。不定期清查一般在以下几种情况下进行： （1）更换财产物资和现金保管人时 （2）财产发生非常灾害或意外损失时 （3）有关单位对企业进行审计查账时 （4）企业关、停、并、转、清产核资、破产清算时

5.1.3　财产清查的方法

财产清查包括对财产实物量的清查，对财产物资、债权债务人价值量的清查和核实两部分内容。实物量的清查，常使用实地盘点法和技术推算法；价值量的清查和核对，常使用账面价值法和查询核实法，具体如图 5–2 所示。

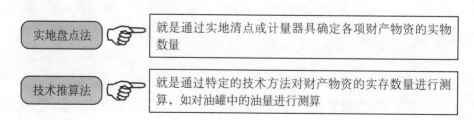

图 5–2

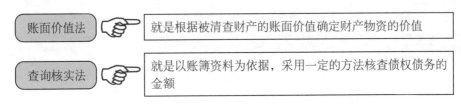

图 5-2　财产清查的方法

5.2　财产清查的实际操作

5.2.1　库存现金清查

库存现金清查主要采用实地盘点法，具体做法为：

5.2.1.1　出纳人员"日清月结"

出纳人员对现金管理应做到"日清月结"，每日业务结束时自行清点库存现金实有额，并与现金日记账余额相核对，确定库存现金是否账实相符。

5.2.1.2　清查小组定期、不定期清查

（1）由于现金收支业务十分频繁，容易出错，所以企业可以组建清查小组，对库存现金进行定期或不定期清查。

（2）现金清查时，出纳人员必须在场。清查小组逐一清点现金实有数，并与现金日记账余额核对，确认账实是否相符。

（3）清查小组还应检查出纳人员是否遵守现金管理制度，库存的现金是否超过规定限额，是否有坐支现金等情况。

（4）最后，根据清查结果编制库存现金清查报告表。

5.2.2　银行存款清查

银行存款清查主要是将企业存款与开户银行账目进行核对。

5.2.2.1　银行存款清查的方法

（1）在核对账目前，企业应检查银行存款日记账是否完整，逐一核对银行存款收款凭证和付款凭证是否全部入账。收到银行对账单后，企业应将银行存款账户与对账单逐笔核对。

（2）对于账簿错记、漏记等情况，应及时查明原因并更正。

（3）因双方凭证传递时间上的差异而造成的未达账项，企业应在查明原因后编制银行存款余额调节表。即将企业银行存款日记账账面余额和银行对账单余额各自加上对方已收

本单位未收账款，减去对方已付本单位未付账款，并验证调节后的存款是否相等。如果相等，表明企业与银行的账目没有差错。否则，说明记账有误，应进一步查明原因，并予以更正。

5.2.2.2 未达账项的概念

所谓未达账项，就是指由于收款、付款结算凭证在传送、接收时间上不一致，造成一方已经入账，而另一方没有接到凭证尚未入账，具体有图5-3所列四种情况。

图5-3 未达账项的四种情况

1 企业已经收款入账，银行尚未收款入账

2 企业已经付款入账，银行尚未付款入账

3 银行已经收款入账，企业尚未收款入账

4 银行已经付款入账，企业尚未付款入账

5.2.3 往来款项清查

往来款项清查主要是指企业与对方单位核对账目。往来款项主要包括应收款项、应付款项、暂收款项等。

（1）检查企业各项往来款项的账簿记录，确认无误后编制对账单，然后通过电函、信函寄发或派人送交等方式，请对方进行核对。

（2）对账单应按明细账户逐笔抄列，一式两联，其中一联作为回单。对方单位核对相符后，应在回单上盖章并退回企业。

（3）企业如果发现双方账目不符，应将有关情况在回单上注明，请对方单位进一步核对。

（4）根据往来款项清查结果，编制往来款项清查报告表。

> **提醒您**
>
> 往来款项清查报告表不是调账的原始凭证。

5.2.4 实物清查

实物清查是通过实地盘点对原材料、在产品、库存商品、固定资产等财产进行清查。

5.2.4.1　实物清查的方法

企业应根据实物的特点采用不同的清查方法。

（1）点数或量尺、过秤。在清点中，对于包装完整的商品、物资，可按包装上标明的数量进行核对，必要时可抽查细点。

（2）一些堆垛笨重的商品，点数、过秤确有困难，可采用技术测算方法。

5.2.4.2　实物清查的盘存单

实物盘点后，应填写盘存单。盘存单是记录实物结果的书面文件，也是反映财产物资盘点日实存数的原始凭证，参加清查的人员和实物保管人员均应在盘存单上签章。

提醒您

财产清查报表中：

（1）能作为原始凭证调账依据的有，库存现金盘点报告表、实存账存对比表。

（2）不能作为原始凭证调账依据的有，盘存单、银行存款余额调节表、往来款项清查报告表。

5.3　财产清查结果的处理

5.3.1　财产清查结果的处理要求

财产清查结果的处理要求如下。

（1）企业应分析产生差异的原因，并制定合理的措施。一般来说，个人造成的损失，应由个人赔偿；管理不善造成的损失，应作为企业"管理费用"入账；自然灾害造成的非常损失，应列入企业的"营业外支出"。

（2）根据清查结果，及时处理积压的财产，清理往来款项。

（3）总结经验教训，建立健全各项管理制度。

（4）及时调整账簿记录，保证账实相符。

对于财产清查中发现的盘盈或盘亏，应及时调整账面记录，以保证账实相符。同时根据清查中取得的原始凭证编制记账凭证，登记有关账簿，使各项财产物资的账存数与实存数相一致。

5.3.2　财产清查的结果

财产清查的结果有图5-4所列的三种。

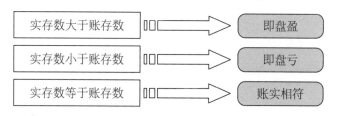

图 5-4　财产清查的结果

5.3.3　盘盈的处理

5.3.3.1　查明原因

对于财产盘盈，企业应查明原因，分清责任。财产盘盈的原因主要有下列几项。

（1）在保管过程发生自然增量。

（2）记录时可能发生错记、漏记，或存在计算上的错误。

（3）在收发领退过程中，计量、检验不准确等。

5.3.3.2　会计处理

发生财产盘盈时，在一定程度上将引起企业资产增加，有关费用（成本）减少。

（1）会计处理

盘盈的会计处理如图 5-5 所示。

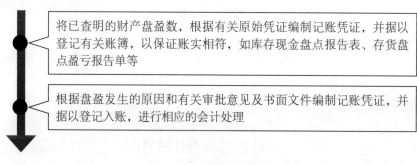

图 5-5　盘盈的会计处理

（2）会计科目

为反映财产清查中各项财产物资的盘盈及处理情况，企业应设置"待处理财产损益"和"以前年度损益调整"等科目。

（3）会计分录

当原材料、产成品、现金、固定资产发生盘盈时，将盘盈的金额借记原材料、库存商品、现金，盘盈固定资产的原值借记固定资产，估计的已折旧金额贷记累计折旧。同时，将原材料、库存商品和现金的金额，以及固定资产和累计折旧之间的差额，贷记待处理财产损益或以前年度损益调整，经过批准后，转入管理费用、营业外收入或留存收益等科目的贷方。即使在编制报表日未经批准，也应先按此处理。

① 当原材料、产成品、现金发生盘盈时，编制会计分录：

借：原材料

　　产成品

　　现金

　　　贷：待处理财产损益

② 当固定资产发生盘盈时，编制会计分录：

借：固定资产（原值）

　　　贷：累计折旧（已折旧金额）

　　　　　以前年度损益调整

③ 原材料、产成品、现金盘盈经过批准后，转入管理费用、营业外收入或其他应付款等科目，编制会计分录：

借：待处理财产损益

　　　贷：管理费用

　　　　　营业外收入

　　　　　其他应付款等

④ 固定资产盘盈经批准后，转入留存收益，编制会计分录：

借：以前年度损益调整

　　　贷：盈余公积

　　　　　利润分配——未分配利润

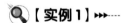 【实例1】▶▶▶ --

材料盘盈的会计核算

企业在财产清查中，发现 G 材料盘盈 10 吨，每吨 780 元，尚未报经批准。

业务分析：G 材料盈余，应借记"原材料——G 材料"，同时，在批准之前应记入"待处理财产损益——待处理流动资产损益"科目。

会计分录为：

借：原材料——G 材料　　　　　　　　　　　　　　　　　　　　　7800

　　贷：待处理财产损益——待处理流动资产损益　　　　　　　　　7800

经查明，G 材料盘盈系计量仪器不准造成的，批准后冲减管理费用。

业务分析：经批准，原材料盘盈应冲减管理费用，从"待处理财产损益——待处理流动资产损益"借方转出。

会计分录为：

借：待处理财产损益——待处理流动资产损益 7800

    贷：管理费用 7800

 【实例2】▶▶▶

机器盘盈的会计核算

某企业在财产清查中，盘盈账外机器一台，估计重置价值为10000元，已提折旧6000元，尚未批准。

业务分析：固定资产盘盈，应将原值借记固定资产，估计折旧额贷记累计折旧，同时，在批准之前盘盈金额应贷记以前年度损益调整。

会计分录为：

借：固定资产 10000

    贷：累计折旧 6000

        以前年度损益调整 4000

经批准，账外固定资产进行转销。

业务分析：经批准后，固定资产盘盈应计提企业所得税，假设税率为25%，会计分录为：

借：以前年度损益调整 1000

    贷：应交税费——应交所得税 1000

然后进行利润分配，会计分录为：

借：以前年度损益调整 300

    贷：盈余公积——法定盈余公积 300

最后记入利润分配，会计分录为：

借：以前年度损益调整 2700

    贷：利润分配——未分配利润 2700

5.3.4 盘亏的处理

5.3.4.1 查明原因

企业应分析造成财产盘亏、毁损的原因，主要有：

（1）在保管过程发生自然损耗。

（2）记录过程发生错记、重记、漏记，或存在计算上的错误。

（3）在收发领退中计量或检验不准确。

（4）管理不善或工作人员失职造成财产损失、变质、霉烂或短缺。

（5）发生贪污盗窃、营私舞弊、自然灾害等。

5.3.4.2　会计处理

一旦发生盘亏、毁损，在一定程度上会引起企业资产减少，有关费用（成本）增加。

（1）会计处理

盘亏的会计处理如图5-6所示。

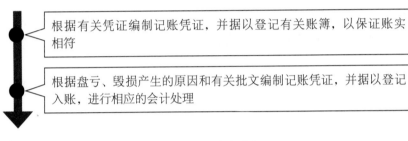

根据有关凭证编制记账凭证，并据以登记有关账簿，以保证账实相符

根据盘亏、毁损产生的原因和有关批文编制记账凭证，并据以登记入账，进行相应的会计处理

图5-6　盘亏的会计处理

（2）使用的损益科目

一般情况下，盘亏、毁损的固定资产，按原价扣除累计折旧、变价收入和过失人及保险公司赔款后的差额记入营业外支出；盘亏、毁损的存货，扣除过失人或保险公司的赔款及残料价值之后，记入管理费用。如果存货毁损属于非常损失，在扣除保险公司赔款和残料价值后，记入营业外支出。

（3）过渡科目——待处理财产损益

为反映财产清查中各类财产物资的盘亏、毁损及处理情况，企业应设置"待处理财产损益"账户，同时下设"待处理财产损益——待处理流动资产损益"和"待处理财产损益——待处理固定资产损益"两个明细账户。

（4）会计分录

① 当原材料、产成品、现金发生盘亏时，编制会计分录：

借：待处理财产损益

　　贷：原材料

　　　　库存商品

　　　　现金

② 当固定资产发生盘亏时，编制会计分录：

借：累计折旧（已折旧金额）

　　待处理财产损益

　　　贷：固定资产（原值）

③ 待处理财产损益经过批准后，转入管理费用、营业外支出或其他应收款等科目，编制会计分录：

借：管理费用

　　营业外支出

　　其他应收款等

　　　贷：待处理财产损益

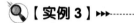 【实例3】▶▶▶ ---

设备盘亏的会计核算

某企业在财产清查中盘亏设备一台，账面原值 20000 元，已提折旧 16000 元，尚未批准。

业务分析：固定资产盘亏，应将原值贷记固定资产，估计折旧额借记累计折旧，同时，在批准之前盘亏金额应借记"待处理财产损益——待处理固定资产损益"。

会计分录为：

借：待处理财产损益——待处理固定资产损益　　　　　　　　　4000

　　累计折旧　　　　　　　　　　　　　　　　　　　　　　16000

　　　贷：固定资产　　　　　　　　　　　　　　　　　　　　　20000

经批准后，盘亏设备进行转销。

业务分析：经批准后，固定资产盘亏应记入营业外支出，同时从"待处理财产损益——待处理固定资产损益"的贷方转出。

会计分录为：

借：营业外支出——固定资产盘亏　　　　　　　　　　　　　　4000

　　　贷：待处理财产损益——待处理固定资产损益　　　　　　　　4000

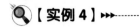【实例4】▶▶

材料盘亏的会计核算

某企业在财产清查中发现F材料盘亏100千克，每千克50元，库存现金短缺150元，尚未批准。

业务分析：F材料盘亏，贷记"原材料——F材料"；现金盘亏，贷记现金。同时，在批准之前盘亏金额应记入"待处理财产损益——待处理流动资产损益"借方。

会计分录为：

借：待处理财产损益——待处理流动资产损益　　　　　　5150

　　贷：现金　　　　　　150

　　　　原材料——F材料　　　　　　5000

对于F材料盘亏，经查明自然损耗为10千克，意外灾害造成损失80千克，无法确定过失人造成的毁损为10千克。现金的短缺，经批准责成过失人——出纳员赔偿。

业务分析：经过批准后，原材料自然损耗和无法确定过失人造成的毁损，应增加管理费用；意外灾害损失应增加营业外支出；由出纳员赔偿的现金增加了其他应收款；各项金额从"待处理财产损益——待处理流动资产损益"贷方转出。

会计分录为：

借：管理费用　　　　　　1000

　　营业外支出　　　　　　4000

　　其他应收款——出纳员　　　　　　150

　　贷：待处理财产损益——待处理流动资产损益　　　　　　5150

学习笔记

对本章的学习做一个小结，将你认为的重点事项和不懂事项分别列出来，以便于自己进一步学习与提升。

本章重点事项
1. _____
2. _____
3. _____
4. _____
5. _____

本章不懂事项
1. _____
2. _____
3. _____
4. _____
5. _____

个人心得
1. _____
2. _____
3. _____
4. _____
5. _____

第6章

财务报表编制

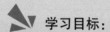 **学习目标:**

1.了解报表的分类,掌握财务报表的编制要求。

2.了解资产负债表的内容、资产负债表的格式,掌握资产负债表的填制要求。

3.了解利润表的格式与项目,掌握利润表的填写方法。

4.了解现金流量表的结构、现金流量表的格式,掌握现金流量表的填制要求、现金流量表的编制方法。

5.了解所有者权益变动表的含义、所有者权益变动表的格式,掌握所有者权益变动表的列报方法。

6.了解会计报表附注的作用,掌握会计报表附注的内容。

7.掌握一些对内财务报表(往来报表、资金报表、资产报表、营运报表等)的编制方法。

6.1 财务报表编制概述

6.1.1 报表分类

会计报表按照不同的标准可以分为不同的类别，比较常见的分类标准有六种。

6.1.1.1 按反映的内容分

会计报表按反映的内容，可以分为动态会计报表和静态会计报表，如图 6-1 所示。

动态会计报表

动态会计报表是反映企业一定时期内经营成果和现金流量的报表，比如，利润表反映了企业一定时期内所实现的经营成果，现金流量表反映了企业一定时期内现金的流入、流出及净增加额

静态会计报表

静态会计报表是反映企业一定日期资产和权益总额的报表，比如，资产负债表反映了企业某一时点的资产、负债和所有者权益情况

图 6-1　按反映的内容分

6.1.1.2 按编报的时间分

会计报表按编报的时间，可以分为月度报表、季度报表、半年度报表和年度报表，如图 6-2 所示。

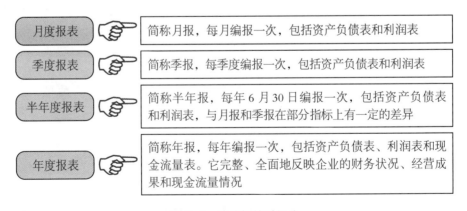

月度报表	简称月报，每月编报一次，包括资产负债表和利润表
季度报表	简称季报，每季度编报一次，包括资产负债表和利润表
半年度报表	简称半年报，每年 6 月 30 日编报一次，包括资产负债表和利润表，与月报和季报在部分指标上有一定的差异
年度报表	简称年报，每年编报一次，包括资产负债表、利润表和现金流量表。它完整、全面地反映企业的财务状况、经营成果和现金流量情况

图 6-2　按编报的时间分

6.1.1.3 按编制的单位分

会计报表按编制的单位，可以分为单位报表和汇总报表，如图 6-3 所示。

单位报表
是企业在自身会计核算的基础上,对账簿记录进行加工而编制的会计报表,可以反映企业自身的财务状况、经营成果和现金流量情况

汇总报表
是总公司或主管部门(系统),根据所属单位报送的会计报表,连同本单位会计报表汇总编制的综合性会计报表,可以反映总公司或主管部门(系统)的财务状况、经营成果和现金流量情况

图 6-3 按编制的单位分

6.1.1.4 按编制的范围分

会计报表按编制的范围,可以分为个别会计报表和合并会计报表,如图 6-4 所示。

个别会计报表
是仅反映一个会计主体财务状况、经营成果和现金流量情况的会计报表

合并会计报表
是将多个具有控股关系的会计主体的财务状况、经营成果和现金流量情况合并而编制的会计报表。该报表由母公司编制,包括所有控股公司会计报表的数据

图 6-4 按编制的范围分

6.1.1.5 按服务的对象分

会计报表按服务的对象,可以分为对内报表和对外报表,如图 6-5 所示。

对内报表 ☞ 对内报表是为了企业内部经营管理而编制的不对外公开的会计报表。它没有统一的格式及指标体系,成本表就属于对内报表

对外报表 ☞ 对外报表是企业定期编制的需要向上级主管部门、投资者、财税部门、债权人等报送或按规定向社会公布的财务报表。它是一种主要的、定期的、规范化的财务报表。它有统一的报表格式、指标体系和编制时间等,资产负债表、利润表和现金流量表均属于对外报表

图 6-5 按服务的对象分

6.1.1.6 按所提供会计信息的重要性分

会计报表按所提供会计信息的重要性,可以分为主表和附表,如图 6-6 所示。

主表即主要财务报表，其所提供的会计信息比较全面、完整，能基本满足各类信息需求者的不同要求。现行的主表有三张，即资产负债表、利润表和现金流量表

附表即从属报表，指对主表中不能或难以详细反映的一些重要信息所做的补充说明。现行的附表主要有：利润分配表和分部报表，是利润表的附表；应交增值税明细表和资产减值准备明细表，是资产负债表的附表。主表与有关附表之间存在着钩稽关系，主表反映企业的主要财务状况、经营成果和现金流量，附表则是对主表的进一步补充说明

图 6-6　按所提供会计信息的重要性分

6.1.2　财务报表的编制要求

6.1.2.1　真实可靠

财务报表中的各项数据必须真实可靠，如实地反映企业的财务状况、经营成果和现金流量。这是对会计信息质量的基本要求。

为保证会计报表真实可靠，企业应做的准备工作如图 6-7 所示。

工作一　企业在编制年度会计报表前，应当按照规定，全面清查资产、核实债务

工作二　核对各会计账簿的记录与会计凭证的内容、金额等是否一致，记账方向是否相符

工作三　按照规定的结账日进行结账，结出有关会计账簿的余额和发生额，并核对各会计账簿之间的余额

工作四　检查相关的会计核算是否符合国家统一的会计制度

工作五　对于国家统一的会计制度没有规定核算方法的交易、事项，检查其是否按照会计核算的一般原则进行确认和计量，以及相关账务处理是否合理

工作六　检查是否存在因会计差错、会计政策变更等原因需要调整的前期或者本期项目

图 6-7　保证会计报表真实可靠应做的准备工作

6.1.2.2　全面完整

财务报表应当全面反映企业的财务状况和经营成果，这样才能满足各方的需求。凡是国家要求提供的财务报表，各企业必须编制并报送，不得漏编和漏报。凡是国家统一要求披露的信息，各企业必须披露。

（1）企业应当按照规定的会计报表格式和内容编制会计报表。

（2）企业应按规定编报国家要求的各类会计报表，报表的有关指标和项目，应符合国家规定。

6.1.2.3　前后一致

编制会计报表所依据的会计方法，前后期应当保持一致，不能随意变更。如果确需改变某些会计方法，应在报表附注中说明原因及对报表指标的影响。

6.1.2.4　编报及时

企业应根据有关规定，按月、季、半年、年及时对外报送会计报表。

会计报表的报送期限，由国家统一规定。

（1）月报应于月度终了后 6 天内（节假日顺延，下同）对外提供。

（2）季报应于季度终了后 15 天内对外提供。

（3）半年报应于年度中期结束后 60 天内（相当于两个连续的月份）对外提供。

（4）年报应于年度终了后 4 个月内对外提供。

6.1.2.5　手续完备

企业对外提供的会计报表应加具封面、装订成册、加盖公章。会计报表封面上应当注明企业名称、统一代码、组织形式、地址、报表所属年度或者月份、报出日期，并由企业负责人和主管会计工作的负责人、会计机构负责人（会计主管人员）签名盖章；设置总会计师的企业，还应当由总会计师签名盖章。

6.2　资产负债表的编制

6.2.1　资产负债表的内容

资产负债表是按照规定对企业某一特定日期的资产、负债、所有者权益适当排列编制而成的，基本内容如下。

6.2.1.1　资产类项目

资产类项目按变现能力的强弱，可分为流动资产和非流动资产两大类。

流动资产类项目包括货币资金、短期投资、应收账款、应收票据、预付账款、其他应收款及存货等。

非流动资产项目包括长期投资、固定资产、无形资产和其他资产等。

6.2.1.2　负债类项目

负债类项目按偿还时间的长短，可分为流动负债和非流动负债。

流动负债项目包括短期借款、应付票据、应付账款、预收账款、其他应付款、应付职工薪酬、应交税费、应付利润等。

非流动负债项目包括长期借款、应付借款、应付债券、长期应付款等。

6.2.1.3　所有者权益类项目

所有者权益项目按来源不同，可分为股本、资本公积、盈余公积和未分配利润等。

6.2.2　资产负债表的格式

关于资产负债表的格式，目前国际上主要有账户式和报告式两种。根据我国会计准则的规定，资产负债表通常采用账户式结构。

账户式资产负债表与账户结构类似，采用左右结构。左方列示资产类项目，按资产的流动性（或变现能力）排序，流动性强的资产排列在先。右方首先列示负债类项目，按债务的偿还期限排序，偿还期限短的排列在先。其次列示所有者权益类项目，按照权益的拥有期限排列，企业拥有期限长的权益排列在先。

账户式资产负债表的具体样式如表6-1所示。

表6-1　账户式资产负债表

编制单位：　　　　　　　　××××年×月×日　　　　　　　　单位：元

资产	期末余额	年初余额	负债和所有者权益（或股东权益）	期末余额	年初余额
流动资产：			流动负债：		
货币资金			短期借款		
以公允价值计量且其变动计入当期损益的金融资产			以公允价值计量且其变动计入当期损益的金融负债		
应收票据			应付票据		
应收账款			应付账款		
预付款项			预收款项		
应收利息			应付职工薪酬		
应收股利			应交税费		

资产	期末余额	年初余额	负债和所有者权益（或股东权益）	期末余额	年初余额
其他应收款			应付利息		
存货			应付股利		
持有待售资产			其他应付款		
一年内到期的非流动资产			持有待售负债		
其他流动资产			一年内到期的非流动负债		
流动资产合计			其他流动负债		
非流动资产：			流动负债合计		
债权投资			非流动负债：		
长期应收款			长期借款		
长期股权投资			应付债券		
其他非流动金融资产			其中：优先股		
投资性房地产			永续债		
固定资产			长期应付款		
在建工程			递延收益		
生产性生物资产			递延所得税负债		
油气资产			其他非流动负债		
无形资产			非流动负债合计		
开发支出			负债合计		
商誉			**所有者权益（或股东权益）：**		
长期待摊费用			实收资本（或股本）		
递延所得税资产			其他权益工具		
其他非流动资产			其中：优先股		
非流动资产合计			永续债		
			资本公积		
			减：库存股		
			其他综合收益		
			盈余公积		
			未分配利润		
			所有者权益（或股东权益）合计		
资产总计			负债和所有者权益（或股东权益）总计		

6.2.3 资产负债表的填制

企业在编制资产负债表时，不同的项目应按照不同的方法填制。

6.2.3.1 年初余额

表6-1中的"年初余额"，直接根据上年末资产负债表对应的项目进行填列。如果本年度资产负债表中各项目的名称和内容与上年度不一致，应先将上年度资产负债表中的相关内容按本年度规定进行调整，然后再填入本年度的"年初余额"栏内。

6.2.3.2 期末余额

表6-1中的"期末余额"，应根据各账户的余额直接或间接地分析、计算填制。

（1）根据总账科目的余额填列，如表6-2所示。

表6-2 根据总账科目的余额填列

序号	涉及科目	填列方式
1	以公允价值计量且其变动计入当期损益的金融资产	
2	工程物资	
3	固定资产清理	
4	递延所得税资产	
5	短期借款	
6	以公允价值计量且其变动计入当期损益的金融负债	
7	应付票据	
8	应交税费	应根据总账科目的余额填列
9	递延收益	
10	递延所得税负债	
11	实收资本（或股本）	
12	库存股	
13	资本公积	
14	其他综合收益	
15	盈余公积	
16	货币资金	应根据库存现金、银行存款、其他货币资金三个总账科目余额的合计数填列
17	其他流动资产	应根据有关科目的期末余额分析填列
18	其他流动负债	

另外，有其他综合收益业务的企业，应当设置"其他综合收益"科目进行会计核算，同时在该科目下设置具体的明细科目。企业对其他综合收益进行会计处理时，应当通过"其他综合收益"科目，并与"资本公积"科目相区分。

（2）根据明细账科目的余额计算填列，如表6-3所示。

表6-3　根据明细账科目的余额计算填列

序号	科目	填列说明
1	开发支出	应根据"研发支出"科目所属的"资本化支出"明细科目的期末余额填列
2	应付账款	应根据"应付账款"和"预付账款"科目所属的相关明细科目的期末贷方余额合计数填列
3	一年内到期的非流动资产、一年内到期的非流动负债	应根据有关非流动资产或非流动负债项目的明细科目余额分析填列
4	应付职工薪酬	应根据"应付职工薪酬"科目的明细科目期末余额分析填列
5	应付债券	应根据"应付债券"科目的明细科目余额分析填列
6	未分配利润	应根据"利润分配"科目所属的"未分配利润"明细科目的期末余额填列

（3）根据总账科目和明细账科目的余额分析计算填列，如表6-4所示。

表6-4　根据总账科目和明细账科目的余额分析计算填列

序号	科目	填列说明
1	长期借款	应根据"长期借款"总账科目余额扣除其所属明细科目中将于资产负债表日起一年内到期且企业不能自主展期清偿义务的长期借款后的金额计算填列
2	长期待摊费用	应根据"长期待摊费用"科目期末余额减去将于一年内（含一年）摊销的数额后的金额填列
3	其他非流动资产	应根据有关科目期末余额减去将于一年内（含一年）收回的数额后的金额填列
4	其他非流动负债	应根据有关科目期末余额减去将于一年内（含一年）到期偿还的数额后的金额填列

（4）根据有关科目余额减去备抵科目余额后的净额填列，如表6-5所示。

表6-5　根据有关科目余额减去备抵科目余额后的净额填列

序号	科目	填列说明
1	债权投资	应根据相关科目的期末余额填列，已计提减值准备的，还应扣减相应的减值准备
2	长期股权投资	
3	在建工程	
4	商誉	
5	固定资产	应根据相关科目的期末余额扣减累计折旧额（或摊销、折耗）填列，已计提减值准备的，还应扣减相应的减值准备。上述资产采用公允价值计量的，应根据相关科目的期末余额填列
6	无形资产	
7	投资性房地产	
8	生产性生物资产	
9	油气资产	
10	长期应收款	应根据"长期应收款"科目的期末余额减去相应"未实现融资收益"科目和"坏账准备"科目所属明细科目的期末余额后的金额填列
11	长期应付款	应根据"长期应付款"科目的期末余额减去相应"未确认融资费用"科目的期末余额后的金额填列

（5）综合运用上述方法分析填列，如表6-6所示。

表6-6　综合运用上述填列方法分析填列

序号	科目	填列说明
1	应收票据	应根据相关科目期末余额减去"坏账准备"科目中坏账准备期末余额后的金额填列
2	应收利息	
3	应收股利	
4	其他应收款	
5	应收账款	应根据"应收账款"和"预收账款"科目所属明细科目期末借方余额合计数减去"坏账准备"科目中应收账款计提的坏账准备期末余额后的金额填列
6	预付款项	应根据"预付账款"和"应付账款"科目所属明细科目期末借方余额合计数减去"坏账准备"科目中预付账款计提的坏账准备期末余额后的金额填列
7	存货	应根据"材料采购""原材料""发出商品""库存商品""周转材料""委托加工物资""生产成本""受托代销商品"等科目的期末余额合计数减去"受托代销商品款""存货跌价准备"科目的期末余额后的金额填列。材料采用计划成本核算、库存商品采用计划成本或售价核算的企业，应按加（减）材料成本差异、商品进销差价后的金额填列
8	划分为持有待售的资产	应根据相关科目的期末余额分析填列
9	划分为持有待售的负债	应根据相关科目的期末余额分析填列

【实例1】▶▶▶

甲公司资产负债表的编制

甲公司2023年12月31日的资产负债表（期末余额）及2024年12月31日的科目余额表分别如下所示。假定甲公司适用的所得税税率为25%，不考虑其他因素。

资产负债表

编制单位：甲公司 　　　　　2023年12月31日 　　　　　会企01表
单位：元

资产	期末余额	年初余额	负债和所有者权益（或股东权益）	期末余额	年初余额
流动资产			**流动负债**		
货币资金	1161300		短期借款	302500	
以公允价值计量且其变动计入当期损益的金融资产	15000		以公允价值计量且其变动计入当期损益的金融负债	0	
应收票据	246000		应付票据	200000	
应收账款	299100		应付账款	953800	
预付款项	100000		预收款项	0	
应收利息	0		应付职工薪酬	110000	
应收股利	0		应交税费	36600	
其他应收款	5000		应付利息	1000	
存货	2580000		应付股利	0	
持有待售资产	0		其他应付款	50000	
一年内到期的非流动资产	0		持有待售负债	0	
其他流动资产	100000		一年内到期的非流动负债	1000000	
流动资产合计	4506400		其他流动负债	0	

续表

资产	期末余额	年初余额	负债和所有者权益（或股东权益）	期末余额	年初余额
非流动资产			流动负债合计	2653900	
股权投资	255000		**非流动负债**		
长期应收款	0		长期借款	600000	
长期股权投资	424000		应付债券	0	
其他非流动金融资产	0		其中：优先股	0	
投资性房地产	0		永续债	0	
固定资产	1100000		长期应付款	0	
在建工程	1500000		递延收益	0	
生产性生物资产	0		递延所得税负债	2500	
油气资产	0		其他非流动负债	0	
无形资产	600000		非流动负债合计	602500	
开发支出	0		负债合计	3256400	
商誉	0		**所有者权益（或股东权益）**		
长期待摊费用	0		实收资本（或股本）	5000000	
递延所得税资产	0		资本公积	0	
其他非流动资产	202500		减：库存股	0	
非流动资产合计	4081500		其他综合收益	31500	
			盈余公积	100000	
			未分配利润	200000	
			所有者权益（或股东权益）合计	5331500	
资产总计	8587900		负债和所有者权益（或股东权益）总计	8587900	

科目余额表

2024 年 12 月 31 日　　　　　　　　　　　　　　　　　　　　　　　　　　　单位：元

科目名称	借方余额	科目名称	贷方余额
库存现金	2000	短期借款	105150
银行存款	529831	应付票据	100000
其他货币资金	7300	应付账款	953800
交易性金融资产	0	其他应付款	50000
应收票据	66000	应付职工薪酬	180000
应收账款	600000	应交税费	226731
坏账准备	-1800	应付利息	0
预付账款	100000	应付股利	20026.25
其他应收款	5000	递延所得税负债	0
材料采购	275000	长期借款	1160000
原材料	45000	股本	5000000
周转材料	38050	资本公积	0
库存商品	2122400	其他综合收益	64500
材料成本差异	4250	盈余公积	136960
其他流动资产	100000	利润分配（未分配利润）	512613.75
持有至到期投资	286000		
长期股权投资	652000		
固定资产	2401000		
累计折旧	-170000		
固定资产减值准备	-30000		
工程物资	300000		
在建工程	428000		
无形资产	600000		
累计摊销	-60000		
递延所得税资产	9750		
其他长期资产	200000		
合计	8509781	合计	8509781

根据上述资料，编制甲公司 2024 年 12 月 31 日的资产负债表，如下所示。

资产负债表

会企 01 表

编制单位：甲公司　　　　　　2024 年 12 月 31 日　　　　　　　单位：元

资产	期末余额	年初余额	负债和所有者权益（或股东权益）	期末余额	年初余额
流动资产			**流动负债**		
货币资金	539131	1161300	短期借款	105150	302500
以公允价值计量且其变动计入当期损益的金融资产	0	15000	以公允价值计量且其变动计入当期损益的金融负债	0	0
应收票据	66000	246000	应付票据	100000	200000
应收账款	598200	299100	应付账款	953800	953800
预付款项	100000	100000	预收款项	0	0
应收利息	0	0	应付职工薪酬	180000	110000
应收股利	0	0	应交税费	226731	36600
其他应收款	5000	5000	应付利息	0	1000
存货	2484700	2580000	应付股利	20026.25	0
持有待售资产	0	0	其他应付款	50000	50000
一年内到期的非流动资产	0	0	持有待售负债	0	0
其他流动资产	100000	100000	一年内到期的非流动负债	0	1000000
流动资产合计	3893031	4506400	其他流动负债	0	0
非流动资产			流动负债合计	1635707.25	2653900
股权投资	286000	255000	**非流动负债**		
长期应收款	0	0	长期借款	1160000	600000
长期股权投资	652000	424000	应付债券	0	0

续表

资产	期末余额	年初余额	负债和所有者权益（或股东权益）	期末余额	年初余额
投资性房地产	0	0	其中：优先股	0	0
固定资产	2201000	1100000	永续债	0	0
在建工程	428000	1500000	长期应付款	0	0
工程物资	300000	0	递延收益	0	0
固定资产	0	0	递延所得税负债	0	2500
生产性生物资产	0	0	其他非流动负债	0	0
油气资产	0	0	非流动负债合计	1160000	602500
无形资产	540000	600000	负债合计	2795707.25	3256400
开发支出	0	0	所有者权益（或股东权益）		
商誉	0	0	实收资本（或股本）	5000000	5000000
长期待摊费用	0	0	其他权益工具	0	0
递延所得税资产	9750	0	其中：优先股	0	0
其他非流动资产	200000	202500	永续债	0	0
非流动资产合计	4616750	4081500	资本公积	0	0
			减：库存股	0	0
			其他综合收益	64500	31500
			盈余公积	136960	100000
			未分配利润	512613.75	200000
			所有者权益（或股东权益）合计	5714073.75	5331500
资产总计	8509781	8587900	负债和所有者权益（或股东权益）总计	8509781	8587900

6.3 利润表的编制

6.3.1 利润表的格式与项目

根据《〈企业会计准则第30号——财务报表列报〉应用指南》的规定，我国利润表采用多步式的格式，即对当期的收入、费用、支出项目按性质加以归类，然后根据利润形成的主要环节列示一些中间性利润指标，以便于财务报表使用者了解企业经营成果的不同来源。

企业还需要提供比较利润表，以便于报表使用者通过比较不同期间利润表的数据，判断企业未来的发展趋势。利润表分为"本期金额"和"上期金额"两栏。一般企业利润表的格式如表6-7所示。

表6-7 利润表

会企02表

编制单位： ××××年×月×日 单位：元

项目	本期金额	上期金额
一、营业收入		
减：营业成本		
营业税金及附加		
销售费用		
管理费用		
财务费用		
资产减值损失		
加：公允价值变动收益（损失以"-"号填列）		
投资收益（损失以"-"号填列）		
其中：对联营企业和合营企业的投资收益		
二、营业利润（亏损以"-"号填列）		
加：营业外收入		
其中：非流动资产处置利得		
减：营业外支出		
其中：非流动资产处置损失		

项目	本期金额	上期金额
三、利润总额（亏损总额以"－"号填列）		
减：所得税费用		
四、净利润（净亏损以"－"号填列）		
五、其他综合收益的税后净额		
（一）以后不能重分类进损益的其他综合收益		
（1）重新计量设定受益计划变动额		
（2）权益法下不能转损益的其他综合收益		
……		
（二）以后将重分类进损益的其他综合收益		
（1）权益法下可转损益的其他综合收益		
（2）其他债权投资公允价值变动		
（3）金融资产重分类记入其他综合收益的金额		
（4）现金流量套期储备		
（5）外币财务报表折算差额		
……		
六、综合收益额		
七、每股收益		
（一）基本每股收益		
（二）稀释每股收益		

　　企业如有下列情况，应当在利润表中调整或增设相关项目。

　　（1）企业应当根据其他综合收益项目以后是否能重分类进损益区分两类，相应地在利润表"（一）以后不能重分类进损益的其他综合收益"项下或"（二）以后将重分类进损益的其他综合收益"项下调整或增设有关其他综合收益项目。

　　（2）金融企业编制利润表时，应当遵循本准则规定，并根据金融企业经营活动的性质和要求，对照一般企业的利润表格式进行相应调整。

6.3.2 利润表的填写方法

（1）"上期金额"的填列

企业应当根据上年同期利润表中"本期金额"栏内的数字填列本年度利润表的"上期金额"。如果企业上年同期利润表的项目名称和内容与本期不一致，应当对上年同期利润表相关项目名称和金额按照本年的规定进行调整，然后填入"上期金额"栏。

（2）"本期金额"的填列

企业应当根据损益类科目和所有者权益类有关科目的发生额填列利润表的"本期金额"，具体如表6-8所示。

表6-8　利润表"本期金额"栏的填写

序号	项目	填写要领
1	营业收入	应根据营业收入科目的发生额分析填列
2	营业成本	应根据营业成本科目的发生额分析填列
3	营业税金及附加	应根据营业税金及附加科目的发生额分析填列
4	销售费用	应根据销售费用科目的发生额分析填列
5	管理费用	应根据管理费用科目的发生额分析填列
6	财务费用	应根据财务费用科目的发生额分析填列
7	资产减值损失	应根据资产减值损失科目的发生额分析填列
8	公允价值变动收益	应根据公允价值变动收益科目的发生额分析填列
9	投资收益	应根据投资收益科目的发生额分析填列
10	营业外收入	应根据营业外收入科目的发生额分析填列
11	营业外支出	应根据营业外支出科目的发生额分析填列
12	所得税费用	应根据所得税费用科目的发生额分析填列
13	其中：对联营企业和合营企业的投资收益	应根据"投资收益""营业外收入""营业外支出"等科目所属明细科目的发生额分析填列
14	其中：非流动资产处置利得	
15	其中：非流动资产处置损失	
16	其他综合收益的税后净额及各组成部分	应根据"其他综合收益"科目及所属明细科目的本期发生额分析填列
17	营业利润	应根据本表中相关项目计算填列
18	利润总额	
19	净利润	
20	综合收益总额	

普通股或潜在普通股已公开交易的企业，以及正处于公开发行普通股或潜在普通股过程中的企业，还应当在利润表中列示每股收益信息，并在附注中详细披露计算过程，以便为投资者决策提供参考。基本每股收益和稀释每股收益项目应当按照《企业会计准则第34号——每股收益》的规定计算填列。

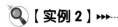【实例2】▸▸▸ --

甲公司利润表的编制

甲公司2024年度损益类科目和"其他综合收益"明细科目的本年累计发生净额如下所示。

甲公司损益类科目2024年度累计发生净额

单位：元

项目	借方发生额	贷方发生额
主营业务收入		1250000
主营业务成本	750000	
营业税金及附加	2000	
销售费用	20000	
管理费用	157100	
财务费用	41500	
资产减值损失	30900	
投资收益		227500
营业外收入		50000
营业外支出	19700	
所得税费用	126575	

甲公司"其他综合收益"明细科目2024年度累计发生净额

单位：元

项目	借方发生额	贷方发生额
权益法下可转损益的其他综合收益		36000
其他债权投资公允价值变动		3750
金融资产重分类记入其他综合收益的金额	6750	
合计	6750	39750

根据上述资料，编制甲公司2024年度利润表，如下所示。

利润表

会企02表

编制单位：甲公司　　　　　　　　2024年度　　　　　　　　单位：元

项目	本期金额	上期金额
一、营业收入	1250000	
减：营业成本	750000	
营业税金及附加	2000	
销售费用	20000	
管理费用	157100	
财务费用	41500	
资产减值损失	30900	
加：公允价值变动收益（损失以"－"号填列）	0	
投资收益（损失以"－"号填列）	227500	
其中：对联营企业和合营企业的投资收益	（略）	
二、营业利润（亏损以"－"号填列）	476000	
加：营业外收入	50000	
其中：非流动资产处置利得	（略）	
减：营业外支出	19700	
其中：非流动资产处置损失	（略）	
三、利润总额（亏损总额以"－"号填列）	506300	
减：所得税费用	126575	
四、净利润（净亏损以"－"号填列）	379725	
五、其他综合收益的税后净额	33000	
（一）以后不能重分类进损益的其他综合收益	0	
（二）以后将重分类进损益的其他综合收益	33000	

6.3.3　利润的计算

企业利润可分为营业利润、利润总额和净利润三个层次。

营业利润=营业收入−营业成本−营业税金及附加−管理费用−销售费用−

财务费用−资产减值损失+公允价值变动收益+投资收益

利润总额=营业利润+营业外收入−营业外支出

净利润=利润总额−所得税费用

利润的计算通常分为四步，即计算主营业务利润、营业利润、利润总额、净利润，具体如图6-8所示。

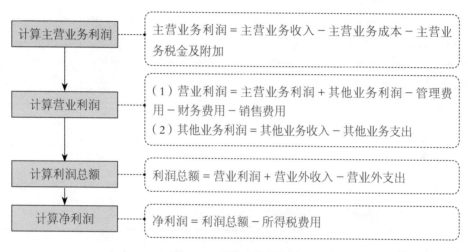

图6-8 利润计算的步骤

6.4 现金流量表的编制

6.4.1 现金流量表的结构

现金流量表的结构为：

（1）表首。

（2）正表。上下报告式，有五个部分内容。

（3）补充资料。将净利润调节为经营活动的现金流量、不涉及现金收支的投资和筹资活动、现金及现金等价物净增加额。

6.4.2 现金流量表的格式

从内容上看，现金流量表可分为经营活动、投资活动和筹资活动三个部分，每类活动又分为许多具体的项目，从不同角度反映企业业务活动的现金流入与流出，从而弥补资产负债表和利润表所提供信息的不足。

现金流量表的格式如表6-9、表6-10所示。

表6-9 现金流量表

编制企业：　　　　　　　　　　　年　月　日　　　　　　　　　　单位：元

项目	行次	金额
一、经营活动产生的现金流量	1	
销售商品、提供劳务收到的现金	2	
收到的税费返还	3	
收到的其他与经营活动有关的资金	4	
现金流入小计	5	
购买商品、接受劳务支付的现金	6	
支付给职工以及为职工支付的现金	7	
支付的各项税费	8	
支付的其他与经营活动有关的现金	9	
现金流出小计	10	
经营活动产生的现金流量净额	11	
二、投资活动产生的现金流量	12	
收回投资收到的现金	13	
取得投资收益收到的现金	14	
处置固定资产、无形资产和其他长期资产收到的现金净额	15	
收到的其他与投资活动有关的现金	16	
现金流入小计	17	

项目	行次	金额
购建固定资产、无形资产和其他资产支付的现金	18	
投资支付的现金	19	
支付的其他与投资活动有关的现金	20	
现金流出小计	21	
投资活动产生的现金流量净额	22	
三、筹资活动所产生的现金流量	23	
吸收投资收到的资金	24	
借款收到的现金	25	
收到的其他与筹资活动有关的现金	26	
现金流入小计	27	
偿还债务支付的现金	28	
分配股利、利润或偿付利息支付的现金	29	
支付的其他与筹资活动有关的现金	30	
现金流出小计	31	
筹资活动产生的现金流量净额	32	
四、汇率变动对现金的影响	33	
五、现金及现金等价物净增加额	34	

表 6-10　现金流量表补充资料

项目	本年金额	上年金额
1. 将净利润调节为经营活动现金流量：		
净利润		
加：资产减值准备		
固定资产折旧、油气资产折耗、生产性生物资产折旧		
无形资产摊销		
长期待摊费用摊销		
处置固定资产、无形资产和其他长期资产的损失（收益以"－"号填列）		
固定资产报废损失（收益以"－"号填列）		
公允价值变动损失（收益以"－"号填列）		
财务费用（收益以"－"号填列）		
投资损失（收益以"－"号填列）		
递延所得税资产减少（增加以"－"号填列）		
递延所得税负债增加（减少以"－"号填列）		
存货的减少（增加以"－"号填列）		
经营性应收项目的减少（增加以"－"号填列）		
经营性应付项目的增加（减少以"－"号填列）		
其他		
经营活动产生的现金流量净额		
2. 不涉及现金收支的重大投资和筹资活动：		
债务转为资本		
一年内到期的可转换公司债券		
融资租入固定资产		
3. 现金及现金等价物净变动情况：		
现金的期末余额		
减：现金的期初余额		
加：现金等价物的期末余额		
减：现金等价物的期初余额		
现金及现金等价物净增加额		

6.4.3 现金流量表的填制要求

6.4.3.1 经营活动现金流量的填制

现金流量表中经营活动各项目的填制如表6-11所示。

表6-11 经营活动各项目的填制

序号	项目	填制数据计算公式
1	销售商品、提供劳务收到的现金	该项目金额＝利润表中主营业务收入×（1+增值税税率）+利润表中其他业务收入+（应收票据期初余额－应收票据期末余额）+（应收账款期初余额－应收账款期末余额）+（预收账款期末余额－预收账款期初余额）－计提的应收账款坏账准备期末余额
2	收到的税费返还	该项目金额＝（应收补贴款期初余额－应收补贴款期末余额）+补贴收入+所得税本期贷方发生额累计数
3	收到的其他与经营活动有关的现金	该项目金额＝营业外收入相关明细科目本期贷方发生额+其他业务收入相关明细科目本期贷方发生额+其他应收款相关明细科目本期贷方发生额+其他应付款相关明细科目本期贷方发生额+银行存款利息收入（公式一） 实际操作中，由于是根据两大主表和部分明细账簿编制现金流量表，数据很难做到精确，所以该项目通常留到最后倒挤填列，计算公式为： 收到的其他与经营活动有关的现金＝补充资料中"经营活动产生的现金流量净额"－现金流量表中［（2+3）－（5+6+7+8）］（公式二） 公式二倒挤产生的数据，与公式一计算的结果相差不会太大
4	购买商品、接受劳务支付的现金	该项目金额＝［利润表中主营业务成本+（存货期末余额－存货期初余额）］×（1+增值税税率）+其他业务支出（剔除税金）+（应付票据期初余额－应付票据期末余额）+（应付账款期初余额－应付账款期末余额）+（预付账款期末余额－预付账款期初余额）
5	支付给职工以及为职工支付的现金	该项目金额＝"应付工资"科目本期借方发生额累计数+"应付福利费"科目本期借方发生额累计数+管理费用中"养老保险金""失业保险金""住房公积金""医疗保险金"+成本及制造费用明细科目中的"劳动保护费"
6	支付的各项税费	该项目金额＝"应交税费"各明细账户本期借方发生额累计数+"其他应交款"各明细账户借方数+"管理费用"中"税金"本期借方发生额累计数+"其他业务支出"中有关税金项目 即实际缴纳的各种税金和附加税，不包括进项税
7	支付其他与经营活动有关的现金	该项目金额＝营业外支出（剔除固定资产处置损失）+管理费用（剔除工资、福利费、劳动保险金、失业保险金、住房公积金、养老保险、医疗保险、折旧、坏账准备或坏账损失、列入的各项税金等）+营业费用、成本及制造费用（剔除工资、福利费、劳动保险金、失业保险金、住房公积金、养老保险、医疗保险等）+其他应收款本期借方发生额+其他应付款

6.4.3.2　投资活动现金流量的填制

现金流量表中投资活动各项目的填制如表 6-12 所示。

表 6-12　投资活动各项目的填制

序号	项目	填制数据计算公式
1	收回投资收到的现金	该项目金额 =（短期投资期初数－短期投资期末数）+（长期股权投资期初数－长期股权投资期末数）+（长期债权投资期初数－长期债权投资期末数） 该公式中，如果各项目的期初数小于期末数，则在"投资所支付的现金项目"中核算
2	取得投资收益收到的现金	该项目金额 = 利润表中投资收益－（应收利息期末数－应收利息期初数）－（应收股利期末数－应收股利期初数）
3	处置固定资产、无形资产和其他长期资产收回的现金净额	该项目金额 ="固定资产清理"的贷方余额 +（无形资产期末数－无形资产期初数）+（其他长期资产期末数－其他长期资产期初数）
4	收到的其他与投资活动有关的现金	如收回融资租赁设备本金等。其他现金流入如果价值较大，应单列项目反映
5	购建固定资产、无形资产和其他长期资产支付的现金	该项目金额 =（在建工程期末数－在建工程期初数）（剔除利息）+（固定资产期末数－固定资产期初数）+（无形资产期末数－无形资产期初数）+（其他长期资产期末数－其他长期资产期初数） 公式中，如果各项目期末数小于期初数，则在"处置固定资产、无形资产和其他长期资产所收回的现金净额项目"中核算
6	投资支付的现金	该项目金额 =（短期投资期末数－短期投资期初数）+（长期股权投资期末数－长期股权投资期初数）（剔除投资收益或损失）+（长期债权投资期末数－长期债权投资期初数）（剔除投资收益或损失） 公式中，如果各项目期末数小于期初数，则在"收回投资所收到的现金项目"中核算
7	支付其他与投资活动有关的现金	本项目可以根据有关科目分析填列。其他现金流出如果价值较大，应单列项目反映

6.4.3.3 筹资活动现金流量的填制

现金流量表中筹资活动各项目的填制要点如表6-13所示。

表6-13 筹资活动各项目的填制

序号	项目	填制数据计算公式
1	吸收投资收到的现金	该项目金额＝（实收资本或股本期末数－实收资本或股本期初数）＋（应付债券期末数－应付债券期初数）
2	借款收到的现金	该项目金额＝（短期借款期末数－短期借款期初数）＋（长期借款期末数－长期借款期初数）
3	收到的其他与筹资活动有关的现金	如投资人未按期缴纳股权支付的罚款（现金收入）等
4	偿还债务支付的现金	该项目金额＝（短期借款期初数－短期借款期末数）＋（长期借款期初数－长期借款期末数）（剔除利息）＋（应付债券期初数－应付债券期末数）（剔除利息）
5	分配股利、利润或偿付利息支付的现金	该项目金额＝应付股利借方发生额＋利息支出＋长期借款利息＋在建工程利息＋应付债券利息－应付利息贷方余额－票据贴现利息支出
6	其他项目	如发生筹资费用所支付的现金、融资租赁所支付的现金、减少注册资本所支付的现金（收购本企业股票、退还联营单位的联营投资等）、企业以分期付款方式购建固定资产（除首期以外的其他各期）所支付的现金等

6.4.3.4 补充资料的说明

根据《企业会计准则》的规定，现金流量表必须有附注资料，对各相关信息进行披露。

（1）将净利润调节为经营活动现金流量

企业应当在附注中披露"将净利润调节为经营活动现金流量"的信息。至少应当单独披露资产减值准备，固定资产折旧，无形资产摊销，长期待摊费用摊销，财务费用，存货，处置固定资产、无形资产和其他长期资产的损益，投资损益，递延所得税资产和递延所得税负债、经营性应收项目、经营性应付项目等内容，如表6-14所示。

表 6-14　将净利润调节为经营活动现金流量的填写说明

序号	项目	计算公式
1	净利润	该项目根据利润表中的净利润数值进行填列
2	计提的资产减值准备	该项目金额＝本期计提的各项资产减值准备发生额累计数 注：不包括直接核销的坏账损失
3	固定资产折旧	固定资产折旧＝制造费用中的折旧＋管理费用中的折旧 或＝累计折旧期末数－累计折旧期初数 注：未考虑固定资产对外投资而减少的折旧
4	无形资产摊销	该项目金额＝无形资产（期初数－期末数） 或＝无形资产贷方发生额累计数 注：未考虑无形资产对外投资而减少的摊销
5	长期待摊费用摊销	该项目金额＝长期待摊费用（期初数－期末数） 或＝长期待摊费用贷方发生额累计数
6	处置固定资产、无形资产和其他长期资产的损失（减：收益）	根据固定资产清理及营业外支出（或收入）明细账分析填列
7	固定资产报废损失	根据固定资产清理及营业外支出明细账分析填列
8	财务费用	该项目金额＝利息支出－应收票据的贴现利息
9	投资损失（减：收益）	该项目金额＝投资收益（借方余额正号填列，贷方余额负号填列）
10	递延所得税资产（减：增加）	该项目金额＝递延所得税资产（期末数－期初数）
11	递延所得税负债（减：减少）	该项目金额＝递延所得税负债（期末数－期初数）
12	存货的减少（减：增加）	该项目金额＝存货（期初数－期末数） 注：未考虑存货对外投资的减少
13	经营性应收项目的减少（减：增加）	该项目金额＝应收账款（期初数－期末数）＋应收票据（期初数－期末数）＋预付账款（期初数－期末数）＋其他应收款（期初数－期末数）－坏账准备期末余额
14	经营性应付项目的增加（减：减少）	该项目金额＝应付账款（期末数－期初数）＋预收账款（期末数－期初数）＋应付票据（期末数－期初数）＋应付职工薪酬（期末数－期初数）＋应交税费（期末数－期初数）＋其他应付款（期末数－期初数）

（2）不涉及现金收支的重大投资和筹资活动

企业应当在附注中披露不涉及当期现金收支，但影响企业财务状况或在未来可能影响企业现金流量的重大投资和筹资活动。

（3）现金流量增加额

即对现金、银行存款、其他货币资金账户以及现金等价物的期末余额与期初余额进行比较而得到的数额。

现金的期末余额＝资产负债表"货币资金"期末余额。

现金的期初余额＝资产负债表"货币资金"期初余额。

现金及现金等价物的净增加额＝现金的期末余额－现金的期初余额＋现金等价物的期末余额－现金等价物的期初余额。

6.4.4 现金流量表的编制方法

6.4.4.1 直接法

直接法是通过现金收入和现金支出的主要类别列示经营活动的现金流量。在确定企业经营活动现金流量时，可以直接对现金收入与支出进行比较，其差额就是经营活动现金流量的净额。

提醒您

根据《企业会计准则》的规定，企业在列示经营活动产生的现金流量时，应当使用直接法。此外，企业还需要在附注中使用间接法披露"将净利润调节为经营活动现金流量"的信息。

A 企业本期的经营活动为：

（1）销售商品的收入为 30 万元，其中 25 万元现金已存入银行，剩余 5 万元为赊销。

（2）用现金支付职工工资 5 万元。

（3）用现金支付各种税费 3 万元。

（4）销售成本为 15 万元，其中 12 万元已经通过银行存款付清，暂欠 3 万元。

根据以上资料，用直接法计算经营活动现金流量，步骤为：

第一步，计算本期经营活动的现金流入量，为 25 万元。

第二步，计算本期经营活动的现金支出量，包括支付的职工工资、税费、销售成本，总共为 20 万元。

第三步，计算经营活动现金流量的净额，用流入量减去支出量，结果为 5 万元。

6.4.4.2　间接法

间接法是以本期净利润为起点，通过调整有关项目，如加上未支付现金的支出，减去未收到现金的收入等，计算实际的现金流量净额。

继续用 A 企业的案例来计算。

> 间接法的计算步骤为：
>
> 第一步，计算本期净利润，用收入减去各项费用、成本支出，结果为 7 万元。
>
> 第二步，加上未付现的支出 3 万元，结果为 10 万元。
>
> 第三步，减去未收到现金的收入，即赊销的 5 万元，最后本期经营活动现金流量的净额还是 5 万元。

> **提醒您**
>
> 直接法与间接法都是对经营活动现金流量的计算，因此，对筹资活动现金流量和投资活动现金流量没什么影响。

采用间接法计算现金流量，可以揭示净收益与净现金流量的差别，有利于分析企业收益的质量和企业营运资金的管理情况。间接法在现金流量表补充资料中反映。

将净利润调整成为经营活动现金流量净额，需要进行四类调整计算，如图 6-9 所示。

 扣除非经营活动的损益（筹资和投资活动损益）：处置固定资产、无形资产、其他长期资产的损失；固定资产报废损失、公允价值变动损失；财务费用；投资损失（减：收益额）。净利润扣除非经营活动损益后，得到的是经营活动净损益

 加上未支付现金的费用：计提的减值准备；计提的固定资产折旧、无形资产摊销；长期待摊费用摊销。这四种费用已在计算利润时扣除，但没有在本期支付现金，应将其加回去

 加上非现金流动资产减少：存货的减少（减：增加额）；经营性应收项目的减少，包括应收票据减少（减：增加额）、应收账款减少（减：增加额）、预付账款减少（减：增加额）、其他应收款减少（减：增加额）

 加上经营性应付项目增加：包括应付票据增加（减：减少额）、应付账款增加（减：减少额）、其他应付款增加（减：减少额）、应付职工薪酬增加（减：减少额）、应交税费增加（减：减少额）

图 6-9　四类调整计算

6.4.4.3　工作底稿法

工作底稿法是以工作底稿为手段，以利润表和资产负债表为基础，对每个项目进行分析并编制调整分录，从而得出现金流量表。

（1）工作底稿的编制

在直接法下，整个工作底稿纵向分为三部分：第一部分是资产负债表项目，其中又分为借方项目和贷方项目；第二部分是利润表项目；第三部分是现金流量表项目。

工作底稿横向分为五栏。

① 资产负债表部分。在资产负债表部分，第一栏是项目栏，填列资产负债表各项目名称；第二栏是期初数，用来填列资产负债表各项目的期初数；第三栏是调整分录的借方；第四栏是调整分录的贷方；第五栏是期末数，用来填列资产负债表各项目的期末数。

② 利润表和现金流量表部分。在利润表和现金流量表部分，第一栏也是项目栏，用来填列利润表和现金流量表各项目的名称；第二栏空置不填；第三栏、第四栏分别是调整分录的借方和贷方；第五栏是本期数，利润表部分这一栏数字应和本期利润表中数字核对相符，现金流量表部分这一栏数字可直接用来编制正式的现金流量表。

工作底稿示例如表 6-15 所示。

表 6-15　工作底稿示例

项目	期初数	调整分录借方	调整分录贷方	期末数
资产负债表项目				
货币资金				
短期投资				
……				
利润表项目				
主营业务收入				
主营业务成本				
……				
现金流量表项目				
一、经营活动产生的现金流量				
销售商品、提供劳务收到的现金				
……				

（2）采用工作底稿法编制现金流量表的步骤

采用工作底稿法编制现金流量表的步骤如图 6-10 所示。

第一步	将资产负债表的年初余额和期末余额过入工作底稿的期初数栏和期末数栏
第二步	对当期业务进行分析并编制调整分录
第三步	将调整分录过入工作底稿的相应部分
第四步	核对调整分录，借贷合计应当相等。资产负债表项目年初余额加减调整分录的借贷金额以后，应当等于期末余额
第五步	根据工作底稿中的现金流量表项目编制正式的现金流量表

图 6-10　采用工作底稿法编制现金流量表的步骤

6.5　所有者权益变动表的编制

6.5.1　所有者权益变动表的含义

所有者权益变动表是反映所有者权益各组成部分当期增减变动情况的报表。

所有者权益变动表全面反映了一定时期内所有者权益的变动情况，不仅包括所有者权益总量的增减变动，还包括重要的结构性信息。所有者权益变动表对直接记入所有者权益的利得和损失进行反映，有助于报表使用者准确理解所有者权益增减变动的来源。

所有者权益变动表包含在年度会计报表中，可帮助财务报表使用者了解企业净资产的状况。

6.5.2　企业所有者权益变动表

在所有者权益变动表中，企业至少应当单独列示下列项目。

（1）综合收益总额；

（2）会计政策变更和前期差错更正的累积影响金额；

（3）所有者投入的资本和向所有者分配的利润等；

（4）提取的盈余公积；

（5）所有者权益各组成部分的期初和期末余额及调整情况。

企业如有下列情况，应当在所有者权益变动表中调整或增设相关项目。

（1）高危行业企业按国家规定提取安全生产费的，应当在"未分配利润"栏和"所有者权益合计"栏之间增设"专项储备"栏。

（2）金融企业编制所有者权益变动表时，应当遵循本准则的规定，并根据金融企业经营活动的性质和要求，对照一般企业所有者权益变动表的列报格式进行相应调整。

6.5.3　所有者权益变动表的格式

所有者权益变动表通常是矩阵的形式：一方面，列示导致所有者权益变动的交易或事项，即所有者权益变动的来源；另一方面，列示交易或事项对所有者权益各部分的影响。

一般企业的所有者权益变动表，如表6-16所示。

表6-16　所有者权益变动表

（适用一般企业）

会企04表

编制单位：　　　　　　　　　　年度　　　　　　　　　　　　　　单位：元

项目	本年金额						上年金额					
	实收资本（或股本）	资本公积	减：库存股	盈余公积	未分配利润	所有者权益合计	实收资本（或股本）	资本公积	减：库存股	盈余公积	未分配利润	所有者权益合计
一、上年年末余额												
加：会计政策变更												
前期差错更正												
二、本年年初余额												
三、本年增减变动金额（减少以"－"号填列）												
（一）综合收益总额												
（二）直接记入所有者权益的利得和损失												
（1）债权投资公允价值变动净额												
（2）权益法下被投资单位其他所有者权益变动的影响												
（3）与记入所有者权益项目相关的所得税影响												
（4）其他												
上述（一）和（二）小计												

项目	本年金额					上年金额				
	实收资本（或股本）	资本公积	减：库存股	盈余公积	未分配利润	所有者权益合计	实收资本（或股本）	资本公积	减：库存股	盈余公积	未分配利润	所有者权益合计
（三）所有者投入和减少资本											
（1）所有者投入资本											
（2）股份支付记入所有者权益的金额											
（3）其他											
（四）利润分配											
（1）提取盈余公积											
（2）对所有者（或股东）的分配											
（3）其他											
（五）所有者权益内部结转											
（1）资本公积转增资本（或股本）											
（2）盈余公积转增资本（或股本）											
（3）盈余公积弥补亏损											
（4）其他											
四、本年年末余额											

企业还需要提供比较所有者权益变动表，将各项目再分为"本年金额"和"上年金额"两栏。

6.5.4　所有者权益变动表的列报方法

企业应当根据所有者权益类科目和损益类有关科目的发生额分析填列所有者权益变动表的"本年金额"栏，重点项目的填写如表6-17所示。

表6-17　重点项目的填写（适用于一般企业）

序号	项目	填报说明
1	上年年末余额	应根据上年资产负债表中"实收资本（或股本）""资本公积""其他综合收益""盈余公积""未分配利润"等项目的年末余额填列
2	加：会计政策变更	应根据"盈余公积""利润分配""以前年度损益调整"等科目的发生额分析填列，并在"上年年末余额"的基础上调整得出"本年年初余额"
3	加：前期差错更正	
4	综合收益总额	应根据当年利润表中"其他综合收益的税后净额"和"净利润"项目对应填列在"其他综合收益"和"未分配利润"栏
5	所有者投入和减少资本	反映企业当年所有者投入和减少的资本，其中，"所有者投入资本"项目反映企业接受投资者投入形成的实收资本（或股本）和资本公积，应根据"实收资本（或股本）""资本公积"等科目的发生额分析填列在"实收资本（或股本）"和"资本公积"栏
6	股份支付记入所有者权益的金额	反映企业处于等待期的权益结算股份支付当年记入资本公积的金额，应根据"资本公积"科目所属的"其他资本公积"二级科目的发生额分析填列在"资本公积"栏
7	利润分配	反映当年向所有者（或股东）分配的利润（或股利）金额和按照规定提取的盈余公积金额，对应列在"未分配利润"和"盈余公积"栏
8	提取盈余公积	反映企业按照规定提取的盈余公积，应根据"盈余公积""利润分配"科目的发生额分析填列
9	对所有者（或股东）的分配	反映向所有者（或股东）分配的利润（或股利）金额，应根据"利润分配"科目的发生额分析填列
10	所有者权益内部结转	反映不影响当年所有者权益总额的所有者权益各组成部分之间当年的增减变动，包括资本公积转增资本（或股本）、盈余公积转增资本（或股本）、盈余公积弥补亏损等
11	资本公积转增资本（或股本）	反映企业以资本公积转增资本或股本的金额，应根据"实收资本（或股本）""资本公积"等科目的发生额分析填列
12	盈余公积转增资本（或股本）	反映企业以盈余公积转增资本或股本的金额，应根据"实收资本（或股本）""盈余公积"等科目的发生额分析填列
13	盈余公积弥补亏损	反映企业以盈余公积弥补亏损的金额，应根据"盈余公积""利润分配"等科目的发生额分析填列

企业应当根据上年度所有者权益变动表的"本年金额"填列本年度的"上年金额"。如果上年度所有者权益变动表各项目的名称和内容同本年度的不一致，企业应对上年度所有者权益变动表各相关项目的名称和金额按本年度的规定进行调整，然后填入本年度所有者权益变动表的"上年金额"栏。

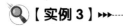

【实例3】▶▶▶

甲公司所有者权益变动表的编制

甲公司2024年初的实收资本（或股本）为5000000元，其他综合收益为31500元，盈余公积为100000元，未分配利润为200000元，所有者权益合计为5331500元。2024年其他综合收益为33000元，未分配利润为369600元，所有者权益合计为402600元。2024年末计划提取盈余公积36960元；宣告向投资者分配现金股利20026.25元。

根据上述资料，甲公司编制的2024年度所有者权益变动表，如下所示。

所有者权益变动表

会企04表

编制单位：甲公司　　　　　　　　年度：2024年　　　　　　　　单位：元

项目	本年金额							上年金额					
	实收资本（或股本）	资本公积	减：库存股	其他综合收益	盈余公积	未分配利润	所有者权益合计	实收资本（或股本）	资本公积	减：库存股	其他综合收益	盈余公积	未分配利润	所有者权益合计
一、上年年末余额	5000000	0	0	31500	100000	200000	5331500						
加：会计政策变更													
前期差错更正													
二、本年年初余额													
三、本年增减变动金额（减少以"－"号填列）													
（一）综合收益总额				33000		369600	402600						
（二）所有者投入和减少资本													
（1）所有者投入资本													
（2）股份支付记入所有者权益的金额													

项目	本年金额							上年金额					
	实收资本（或股本）	资本公积	减：库存股	其他综合收益	盈余公积	未分配利润	所有者权益合计	实收资本（或股本）	资本公积	减：库存股	其他综合收益	盈余公积	未分配利润	所有者权益合计
（3）其他													
（三）利润分配													
（1）提取盈余公积					36960	−36960	0						
（2）对所有者（或股东）的分配						−20026.25	−20026.25						
（3）其他													
（四）所有者权益内部结转													
（1）资本公积转增资本（或股本）													
（2）盈余公积转增资本（或股本）													
（3）盈余公积弥补亏损													
（4）其他													
四、本年年末余额	5000000	0	0	64500	136960	512613.75	5714073.75						

6.6 会计报表附注的编制

6.6.1 会计报表附注的作用

由于会计报表的局限性，仅依据会计报表数据得出的财务分析结论是片面的，甚至可能是错误的。

会计报表附注在财务分析中具有重要的作用，只有仔细阅读、深入领会会计报表附注内容，才能正确评价企业的能力和不足，从而减少决策的失误。

首先，会计报表附注能够满足报表使用者对会计信息的需求。

其次，会计报表附注能够提高会计报表信息的价值。

会计报表附注是对报表有关项目作出的解释，因此，相关人员对会计报表进行趋势分析、结构分析以及比率分析时，应充分利用会计报表附注中的相关信息。

6.6.2 会计报表附注的内容

一般企业会计报表附注包括的内容，如图 6-11 所示。

企业的基本情况	财务报表的编制基础	重要会计政策和会计估计
会计政策和会计估计变更以及差错更正的说明	报表重要项目的说明	或有事项
	资产负债表日后事项	关联方关系及其交易等

图 6-11　一般企业会计报表附注包括的内容

6.6.2.1　企业的基本情况

企业的基本情况主要是指企业的基本信息，是对财务报告进行分析时必须了解的背景信息，主要包括：

（1）企业的注册地、组织形式等。

（2）企业的业务性质和主要经营活动。

（3）母公司及集团最终控制人的名称。

（4）财务报告批准报出者和财务报告批准报出日。

（5）营业期限有限的企业，还应当披露营业期限的有关信息。

6.6.2.2　财务报表的编制基础

财务报表的编制基础主要是持续经营或者清算。持续经营是分析企业长期偿债能力的前提。如果一个企业已经进入了清算过程，以清算基础编制会计报表，那么企业的短期偿债能力将成为唯一被关注的问题，企业已不具有中长期偿债能力。

6.6.2.3　重要会计政策和会计估计

会计政策是指企业在进行会计确认、计量和报告时所采用的原则、基础和方法。

会计估计是指企业对结果不确定的交易或事项以最近可以利用的信息为基础作出的判断。企业应适当地披露其选择的重要会计政策和会计估计。

会计政策对企业的"纸面"利润影响很大，是比较各期会计报表时必须关注的内容，同时也会影响企业各期偿债能力的可比性。

6.6.2.4　会计政策和会计估计变更以及差错更正的说明

（1）会计政策变更

会计政策变更是指企业处理相同的交易或事项时由原来的会计政策改为另一会计政策

的行为。一般情况下，企业每期应采用相同的会计政策，不应也不能随意变更。但符合下列条件之一时，企业应改变会计政策。

① 法律、行政法规或者国家统一会计制度等要求变更。

② 会计政策变更能够提供更可靠、更相关的会计信息。

（2）会计估计变更

与会计政策变更一样，如果企业据以估计的基础发生了变化，或者取得了新信息、积累了更多经验，可能需要对会计估计进行变更。

（3）差错更正

企业在进行会计处理时，可能会出现差错，这时需要根据差错的性质、时间等进行更正。

前期差错是指由于没有运用或错误运用下列两种信息而对前期财务报表造成省略或错报。

① 编报前期财务报表时预计能够取得并加以利用的可靠信息。

② 前期财务报告批准报出时能够取得的可靠信息。

前期差错通常包括计算错误、会计政策使用错误、疏忽或曲解事实以及舞弊产生的影响，如存货、固定资产盘盈等。

如果会计差错的金额不大，在分析企业偿债能力时无须过多地关注。

6.6.2.5　报表重要项目的说明

通常情况下，会计报表附注中的大部分内容都是对企业会计报表重要项目的说明，如对资产负债表、利润表、现金流量表、所有者权益变动表中重要项目进行的文字和数字描述。

对这部分内容进行分析，可以直接看出各个主要会计科目的数据质量与结构，从而判断企业真正的偿债能力。

例如，营业收入和营业成本的构成以及与去年相比的变动，对各债权人来讲都非常重要。

提醒您

企业对报表重要项目的说明，应当按照资产负债表、利润表、现金流量表、所有者权益变动表各项目列示的顺序，采用文字和数字描述相结合的方式进行披露。

企业还应当在附注中披露如下信息。

（1）费用按照性质分类的补充资料。可将费用分为耗用的原材料、职工薪酬费用、折旧费用等，具体的披露格式如表6-18所示。

表 6-18　费用按照性质分类的补充资料

项目	本期金额	上期金额
耗用的原材料		
产成品及在产品存货变动		
职工薪酬费用		
非流动资产减值损失		
支付的租金		
财务费用		
其他费用		
……		
合计		

（2）其他综合收益各项目的信息，包括：

① 其他综合收益各项目及所得税影响。

② 其他综合收益各项目原来记入其他综合收益、当期转出记入当期损益的金额。

③ 其他综合收益各项目的期初和期末余额及调节情况。

上述①和②的披露格式如表 6-19 所示，③的披露格式如表 6-20 所示。

表 6-19　其他综合收益各项目及其所得税影响和转入损益情况

项目	本期金额			上期金额		
	税前金额	所得税	税后净额	税前金额	所得税	税后净额
一、以后不能重分类进损益的其他综合收益						
（1）重新计量设定受益计划的变动额						
（2）权益法下不能转损益的其他综合收益						
……						
二、以后将重分类进损益的其他综合收益						
（1）权益法下可转损益的其他综合收益						
减：前期记入其他综合收益、当期转入损益						
小计						

续表

项目	本期金额			上期金额		
	税前金额	所得税	税后净额	税前金额	所得税	税后净额
（2）其他债权投资公允价值变动						
减：前期记入其他综合收益、当期转入损益						
小计						
（3）金融资产重分类记入其他综合收益的金额						
减：前期记入其他综合收益、当期转入损益						
小计						
（4）现金流量套期损益的有效部分						
减：前期记入其他综合收益、当期转入损益						
小计						
（5）外币财务报表折算差额						
减：前期记入其他综合收益、当期转入损益						
小计						
……						
三、其他综合收益合计						

表 6-20 其他综合收益各项目的调节情况

项目	重新计量设定受益计划的变动额	权益法下不能转损益的其他综合收益	权益法下可转损益的其他综合收益	其他债权投资公允价值变动	金融资产重分类记入其他综合收益的金额	现金流量套期损益的有效部分	外币财务报表折算差额	……	其他综合收益合计
一、上年年初余额									
二、上年增减变动金额（减少以"－"号填列）									
三、本年年初余额									
四、本年增减变动金额（减少以"－"号填列）									
五、本年年末余额									

（3）在资产负债表日后、财务报告批准报出日前提议或宣布发放的股利总额和每股股利金额（或向投资者分配的利润总额）。

（4）终止经营的收入、费用、利润总额、所得税费用和净利润，以及归属于母公司所有者的终止经营利润。

6.6.2.6 或有事项

或有事项是指过去的交易或者事项形成的、结果应由未来某些事项的发生或者不发生才能确定的不确定事项。

或有事项在企业会计报表及附注中主要表现为或有资产和或有负债。

或有负债满足一定条件时可以在会计报表中列示为预计负债，而其他的或有负债（不包括极小可能导致经济利益流出企业的或有负债）则应当在会计报表附注中进行披露，包括或有负债的种类及成因、经济利益流出不确定性的说明、预计产生的财务影响以及获得补偿的可能性等。

或有负债不列示在会计报表中，很容易被人忽视。

但是或有负债对企业偿债能力的影响却是重大而深远的。当未来事项明确之后，或有负债有可能被确认为负债。对于谨慎的债权人来说，或有负债是必须关注的内容。

企业应当在会计报表附注中披露的或有事项，如表6-21所示。

表6-21 会计报表附注中披露的或有事项

序号	类别	具体说明
1	预计负债	（1）预计负债的种类、形成原因以及经济利益流出不确定性的说明 （2）各类预计负债的期初、期末余额和本期变动情况 （3）与预计负债有关的预期补偿金额和本期已确认的预期补偿金额
2	或有负债（不包括极小可能导致经济利益流出企业的或有负债）	（1）或有负债的种类及形成原因，包括未决诉讼、未决仲裁、对外提供担保等形成的或有负债 （2）经济利益流出不确定性的说明 （3）或有负债预计产生的财务影响以及获得补偿的可能性，无法预计的应当说明原因

提醒您

企业通常不披露或有资产，但或有资产很可能会给企业带来经济利益时，应当披露其形成的原因、预计产生的财务影响等。

涉及未决诉讼、未决仲裁的情况下，按相关规定披露全部或部分信息预期对企业造成重大不利影响的，企业无须披露这些信息，但应当披露该未决诉讼、未决仲裁的性质，以及没有披露这些信息的事实和原因。

6.6.2.7 资产负债表日后事项

资产负债表日后事项是指资产负债表日至会计报表批准报出日之间发生的对会计报表产生影响的事项。资产负债表日后事项期间如图 6-12 所示。

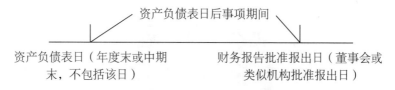

资产负债表日（年度末或中期末，不包括该日）　　　财务报告批准报出日（董事会或类似机构批准报出日）

图 6-12　资产负债表日后事项期间

资产负债表日后事项包括调整事项和非调整事项，如表 6-22 所示。

表 6-22　资产负债表日后事项

类别	定义	包含事项
1	调整事项是指资产负债表日前已存在而资产负债表日后出现补充证据的事项，该事项发生时需要调整会计报表	（1）诉讼结案，表明资产负债表日某项义务的金额应予调整或确认 （2）证实某项资产已减值或金额需调整 （3）进一步确认资产负债表日前购入资产的成本或售出资产的收入，如报告年度或以前期间所售商品的退回 （4）资产负债表日后发现的财务报表舞弊或差错（报告年度差错或以前年度不重要的差错）
2	非调整事项是指资产负债表日前不存在而资产负债表日后发生的需要在报表上披露而非调整的事项	资产负债表日后事项期间发生的： （1）重大诉讼、仲裁、承诺 （2）资产价格、税收政策、汇率发生重大变化 （3）自然灾害导致重大损失 （4）发行股票、债券或巨额举债 （5）资本公积转增资本 （6）巨额亏损 （7）企业合并或处置子公司 （8）企业利润分配方案中拟分配的以及经审议批准宣告发放的股利或利润

对于资产负债表日后事项，企业应当披露下列信息。

（1）资产负债表日后重要非调整事项的性质、内容及对财务状况和经营成果的影响，无法作出估计的，应当说明原因。

（2）资产负债表日后，企业利润分配方案中拟分配的以及经审议批准宣告发放的股利或利润。

6.6.2.8 关联方关系及其交易等

关联方关系对企业偿债能力的影响主要表现在交易的价格上。关联方交易的价格必须公正、合理，符合市场化原则。不公正、不合理、非市场化的关联交易，会导致交易双方的利益输送。关联方关系的表现形式，如图 6-13～图 6-15 所示。

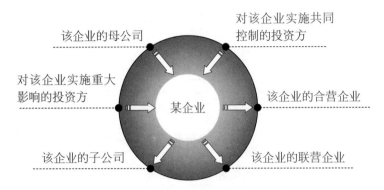

图 6-13　纵向标准表现形式

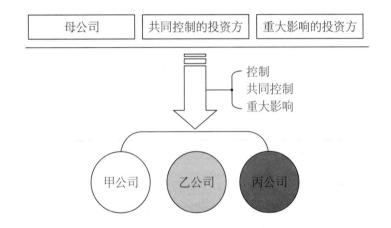

图 6-14　横向标准表现形式（甲、乙、丙为关联方）

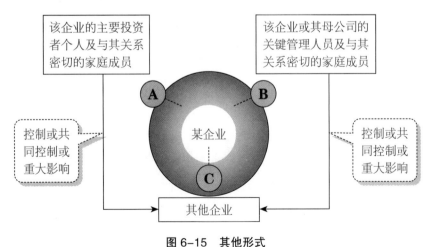

图 6-15　其他形式

利益输送将导致企业利润虚增或虚减，使会计信息使用者无法辨别企业真实的财务状况，从而对企业偿债能力作出错误的分析。

关联方披露的基本要求是：

（1）企业无论是否发生关联方交易，均应在附注中披露与母公司和子公司有关的下列信息。

① 母公司和子公司的名称。

② 母公司和子公司的业务性质、注册地、注册资本（或实收资本、股本）及其变化。

③ 母公司对该企业或者该企业对子公司的持股比例和表决权比例。

（2）企业与关联方发生关联交易的，应当在附注中披露该关联方关系的性质、交易类型及交易要素。

（3）应当分别对关联方以及交易类型予以披露。

以下提供一份财务报表附注模板，供读者参考。

【实例4】

财务报表附注

截至 20×× 年 12 月 31 日

（除另有说明外，所有金额均以人民币元为货币单位）

一、企业概况

本企业根据《中华人民共和国公司法》，经＿＿＿＿＿＿＿工商行政管理局注册登记，领取了＿＿＿＿＿号企业法人营业执照，于＿＿＿年＿＿月＿＿日正式成立。

注册资金：

法定代表人：

企业性质：

经营地址：

经营范围：

二、不符合会计核算前提的说明

本企业无不符合会计核算前提的情况。

三、重要会计政策和会计估计的说明

（1）会计制度

本企业根据《企业会计准则》和《企业会计制度》编制会计报表。

（2）会计年度

本企业的会计年度指公历每年 1 月 1 日至 12 月 31 日。

（3）记账基础和计价原则

本企业会计核算以权责发生制为基础，各项资产均按取得或购建时发生的实际成本入账。

（4）记账本位币

本企业会计核算以人民币为记账本位币。

（5）现金等价物的确定标准

现金等价物是指本企业持有的期限短（从购买日起三个月内到期）、流动性强、易于转换为已知金额现金、价值变动风险小的投资。

（6）存货核算方法

存货分为原材料、包装物、在产品和产成品等，均按实际成本计价。发出产成品按加权平均法结转成本。

（7）长期投资核算方法

股权投资和其他投资均按投资时实际支付的金额记账。

对被投资单位无控制、无共同控制且无重大影响的，采用成本法核算。投资收益于被投资公司宣告分派现金股利时确认，而该现金股利超过投资日后产生的累积净利润的分配额，冲减投资的账面价值。

对被投资单位具有控制、共同控制或重大影响的，采用权益法核算。本企业的初始投资成本超过应享有被投资公司所有者权益份额之间的差额，作为股权投资差额，不调整长期股权投资的初始投资成本。投资收益以取得股权后占被投资公司的净损益份额计算确定。根据被投资公司除净损益以外的其他所有者权益变动，相应地调整投资的账面价值。

（8）固定资产计价和折旧方法

本企业的固定资产是指为生产商品、提供劳务、出租或经营管理而持有的，使用年限超过1年，单位价值较高的有形资产。固定资产按实际成本入账。折旧采用平均年限法计算。各类固定资产的预计净残值、预计使用年限、年折旧率如下表所示。

资产类别	使用年限	预计净残值率	年折旧率
房屋及建筑物	15～20年	3%	6.47%～4.85%
机器设备	5～10年	3%	19.40%～9.70%
运输工具	5年	3%	19.40%
其他	5年	3%	19.40%

（9）在建工程核算方法

本企业在建工程按各项工程实际发生金额核算，并于交付使用时转为固定资产。已交付使用的在建工程不能按时办理竣工决算的，暂估转入固定资产，待正式办理竣工决算后，再调整已入账的固定资产和已提折旧。

（10）无形资产核算方法

本企业的无形资产是指为生产商品、提供劳务、出租或经营管理而持有的没有实物形态的非货币性长期资产，包括非专利技术、软件等。无形资产按取得时的实际成本计价，自取得当月起在预计使用期限内平均摊销。

（11）长期待摊费用核算方法

本企业的长期待摊费用是指已经支出但摊销期限在1年以上（不含1年）的各项费用。

（12）生产成本核算方法

生产成本采用分批法进行核算。

（13）收入确认原则

企业销售收入的确认采用权责发生制原则。商品所有权上的重要风险和报酬已经转移给买方、企业不再对该商品实施继续管理和实际控制、相关收入已经收到或已取得收款证据，并且与商品销售有关的成本能够可靠计量时，确认销售收入。

（14）利润分配办法

本企业实现的净利润按以下顺序进行分配。

① 弥补以前年度亏损。

② 按10%计提法定盈余公积金。

③ 向投资人分配利润。

（15）主要税收政策

主要税种及税率如下。

税种	税率	税种	税率
所得税		城建税	
增值税		教育费附加	

四、重要会计政策和会计估计变更以及重大会计差错更正的说明

本企业本年度无重要会计政策和会计估计变更及重大会计差错更正事项。

五、报表重要项目的说明

（1）货币资金

项目	年初数	年末数
现金		
银行存款		
其他货币资金		
合计		

（2）应收票据

票据种类	年初数	年末数
商业承兑汇票		
银行承兑汇票		
合计		

（3）短期投资

项目	年初数	本年增加	本年减少	年末数
合计				

（4）应收账款

账龄	年初数	比例（%）	年末数	比例（%）
1 年以内				
1～2 年				
2～3 年				
合计				

年末应收账款大额明细如下表所示。

债务人	年末数	账龄

（5）预付账款

账龄	年初数	比例（%）	年末数	比例（%）
1 年以内				
1～2 年				
2～3 年				
合计				

年末预付账款大额明细如下表所示。

债务人	年末数	账龄

（6）其他应收款

账龄	年初数	比例（%）	年末数	比例（%）
1年以内				
1~2年				
2~3年				
合计				

年末其他应收款大额明细如下表所示。

债务人	年末数	账龄

（7）存货

项目	年初数	年末数	超过3年的存货
合计			

（8）长期投资

项目	年初数	年末数
合计		

（9）固定资产

固定资产类别	年初数	本年增加	本年减少	年末数
（一）固定资产原值合计				
房屋及建筑物				
机器设备				
运输设备				
办公设备				
（二）累计折旧合计				
房屋及建筑物				
机器设备				
运输设备				
办公设备				
（三）固定资产净值合计				
房屋及建筑物				
机器设备				
运输设备				
办公设备				

（10）在建工程

项目名称	年初数	本年增加	本年减少	年末数
合计				

（11）无形资产

无形资产类别	年初数	本年增加	本年减少	年末数
（一）无形资产原值合计				
（二）累计摊销合计				
（三）无形资产净值合计				

（12）长期待摊费用

项目	年初数	年末数
合计		

（13）短期借款

贷款种类	贷款单位	年末数	借款期限	年利率（%）
担保				
抵押				
抵押				
担保				
合计				

（14）应付票据

项目	年初数	年末数
合计		

（15）应付账款

账龄	年初数	比例（%）	年末数	比例（%）
1 年以内				
1~2 年				
2~3 年				
3 年以上				
合计				

年末应付账款大额明细如下表所示。

债权人	年末数	账龄

（16）预收账款

账龄	年初数	比例（%）	年末数	比例（%）
1 年以内				
1~2 年				
2~3 年				
合计				

年末预收账款大额明细如下表所示。

债权人	年末数	账龄

（17）其他应付款

账龄	年初数	比例（%）	年末数	比例（%）
1年以内				
1~2年				
2~3年				
合计				

年末其他应付款大额明细如下表所示。

债权人	年末数	账龄

（18）应付职工薪酬

项目	年初数	年末数
合计		

（19）应付股利

项目	年初数	年末数
合计		

（20）应交税费

税种	年初数	年末数
合计		

（21）长期借款

贷款种类	贷款单位	年末数	借款期限	年利率（%）
担保				
抵押				
合计				

（22）长期应付款

项目	年初数	年末数
合计		

（23）实收资本

投资主体	年初数	年末数	投资比例
合计			

（24）资本公积

项目	年初数	本年增加	本年减少	年末数
资本（股本）溢价				
拨款转入				
债务重组收益				
其他资本公积				
合计				

（25）盈余公积

项目	年初数	本年增加	本年减少	年末数
法定盈余公积金				
任意盈余公积金				
合计				

（26）未分配利润

项目	年初数	本年增加	本年减少	年末数
未分配利润				
合计				

（27）主营业务收入

项目	上年数	本年数
合计		

（28）主营业务成本

项目	上年数	本年数
合计		

（29）产品销售税金及附加

项目	上年数	本年数
合计		

（30）其他业务利润

项目	收入	成本	利润
合计			

（31）销售费用

项目	上年数	本年数

（32）管理费用

项目	上年数	本年数

（33）财务费用

项目	上年数	本年数
利息支出		
减：利息收入		
手续费		
合计		

（34）营业外收入

项目	上年数	本年数
罚款		
补贴收入		
合计		

（35）营业外支出

项目	上年数	本年数
合计		

六、或有事项的说明

本企业无需要披露而未披露的或有事项。

七、资产负债表日后事项的说明

本企业无需要披露而未披露的资产负债表日后事项。

八、财务报表的批准

本企业20××年度财务报表和附注已经企业董事会批准。

××有限公司

20××年2月24日

6.7 对内财务报表的编制

6.7.1 往来报表

往来报表包括应收账款明细及账龄分析表（月报），应付账款明细及账龄分析表（月报），其他应收款明细及账龄明细表（月报），其他应付款明细及账龄明细表（月报），预收、预付账款明细表（月报）等。

6.7.1.1 应收账款明细及账龄分析表（月报）

应收账款表示企业在销售过程中被购买单位占用的资金。企业应及时收回应收账款，以弥补企业生产经营过程中的各种耗费，确保企业持续经营。对于被拖欠的应收账款，企业应采取措施，进行催收。对于确实无法收回的应收账款，符合坏账条件的，应在取得有关证明并按规定程序报批后，做坏账损失处理。

对应收账款进行账龄分析，即根据应收账款拖欠时间的长短，分析判断可收回的金额和产生坏账的可能性。企业应检查每一笔应收账款发生的时间，并予以分类，对时间长的应收账款计提较高比例的呆账费用，对时间短的应收账款则计提较低比例的呆账费用。

（1）账龄的确定

账龄的时间段一般根据客户的信用期，结合会计准则中计提坏账准备的标准来确定。

账龄的时间段越细、间隔越短，坏账估计就越准确。通常情况下，对一年以内的应收账款账龄划分得较细，而对一年以上的应收账款则不做太多区分。

（2）回收情况表的制作

应收账款回收情况表包括"客户名称""上月欠款余额""本月增加应收款""往期应收款回款""本月应收款回款""月末未收款"等内容，如表6-23所示。企业应每月单独制表。

表6-23　应收账款回收情况表

客户名称	上月欠款余额	本月增加应收款	往期应收款回款	本月应收款回款	月末未收款	备注

（3）编制账龄分析表

企业应对各往来客户明细账逐一进行分析，然后根据各明细账户数据计算得出应收账款的账龄情况。下面通过实例说明应收账款账龄分析表的编制方法。

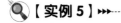【实例5】▶▶▶--

账龄分析表编制示例

假设A公司往来账款均通过"应收账款——×××"明细账进行核算，此处以其中一个明细账客户"应收账款——B公司"为例进行分析，有关明细账资料如下表所示，表中单位为人民币元。

日期	借方	贷方	余额
2022.03.13	100000		100000
2022.08.20		10000	90000
2023.01.05		10000	80000
2023.06.12	70000		150000
2023.11.15		10000	140000

续表

日期	借方	贷方	余额
2024.07.06	80000		220000
2024.10.14		20000	200000
2024.11.08		5000	195000
2025.01.10	40000		235000
2025.02.20		20000	215000
2025.03.15	40000		255000
2025.03.25		20000	235000
合计	330000	95000	235000

假设 A 公司于 2025 年 3 月 25 日以后无往来业务发生。A 公司根据明细账对 2025 年 4 月 30 日之前 B 公司应收账款的余额 235000 元进行账龄分析。从明细账中我们无法直接得出应收账款余额的归属期，即无法直接得出账龄。因此需要逐步分析计算，步骤为：

1. 确定分析要求

根据需要，可以按天数、月数等划分若干个账龄期，如 1 个月、2 个月、3～6 个月，6 个月～1 年、1～2 年、2～3 年、3 年以上等。

2. 确定账龄期

若按要求以月数为基础划分账龄期，1 个月是指自分析基准日往前推算的第一个月（本例即为 2025 年 4 月份），2 个月是指第一个月的前一个月（本例即为 2025 年 3 月份），3～6 个月是指按上述顺序前推的 4 个月（本例即为 2025 年 2 月、1 月，2024 年 12 月、11 月），其他依次类推。

3. 确定账龄期与时间点的对应关系

若分析基准日为 2025 年 4 月 30 日，则账龄期与时间点对应关系如下图所示。

4. 确定各账龄期的金额

（1）1 个月（2025.4.1～2025.4.30）：此期间借方无发生额，故账龄 1 个月的金额为零。

（2）2 个月（2025.3.1～2025.3.31）：此期间贷方发生额为 20000 元，是归还前期的欠款；而借方发生额为 40000 元，比余额 235000 元少，构成应收账款余额 235000 元的一部分，故账龄 2 个月的金额为 40000 元。

（3）3～6 个月（2024.11.1～2025.2.28）：共 4 个月，与上述 2 个月期同理。

（4）用相同的方法可推算出其他各账龄期金额。

（5）根据以上方法推算至2~3年账龄期，各账龄期累计余额已达230000元，较应收账款期末余额235000元少5000元，则剩余部分金额归入3年以上期间。

5. 制作账龄分析表

根据以上分析，可以汇总得出应收账款账龄分析表，如下所示。

单位名称	应收账款账龄							合计
	1个月	2个月	3~6个月	6个月~1年	1~2年	2~3年	3年以上	
B公司		40000	40000	80000	70000		5000	235000
C公司	……	……	……	……	……	……	……	……
……	……	……	……	……	……	……	……	……
N公司	……	……	……	……	……	……	……	……
合计	63000	87000	116000	182000	94000	16000	8000	566000
比重	11.13%	15.37%	20.49%	32.16%	16.61%	2.83%	1.41%	100%

6. 贷方金额变化对账龄的影响

若账龄分析基准日（2025.4.30）之前的某日，收回B公司一笔应收款120000元，则可先清偿3年以上账龄应收款5000元，然后再清偿2~3年账龄的应收款（本例中为零），接着清偿1~2年账龄应收款70000元，余下45000元可清偿6个月~1年账龄应收款的一部分，使6个月~1年账龄应收款减少为35000元（80000-45000）。

6.7.1.2 应付账款明细及账龄分析表（月报）

应付账款是指企业因购买材料、商品或接受劳务等经营活动而应支付的款项。

（1）编制应付账款明细表和汇总表

应付账款明细表反映了明细业务的发生情况，汇总表则是对应业务的整合，具体如表6-24、表6-25所示。

表6-24 应付账款明细表（示例）

制表日期：2024年11月30日 单元：元

供应商编号	供应商简称	发票日期	发票号码	发票金额	结账期	到期日期	状态	逾期天数	已付金额	是否欠款	已逾期余额
GY001	FTM	2024/7/1	23614	5000	30	2024/7/31	已逾期	123	2000	欠	3000
GY002	NZS	2024/7/1	10325	2800	60	2024/8/31	已逾期	91		欠	2800

续表

供应商编号	供应商简称	发票日期	发票号码	发票金额	结账期	到期日期	状态	逾期天数	已付金额	是否欠款	已逾期余额
GY003	ZXX	2024/7/12	22006	12000	30	2024/8/11	已逾期	110	8000	欠	4000
GY001	FTM	2024/7/18	65564	2000	30	2024/8/17	已冲销√		2000	平	—
GY004	NSM	2024/7/22	56321	5500	90	2024/10/20	已冲销√		5500	平	—
GY003	ZXX	2024/8/8	45201	32500	30	2024/9/7	已逾期	84		欠	32500
GY005	ZXM	2024/8/10	40301	45452	30	2024/9/9	已逾期	82	1000	欠	44452
GY001	FTM	2024/7/1	23614	5000	30	2024/7/31	已逾期	122	2000	欠	3000
			合计	110252					20500		89752

表 6-25　应付账款汇总表（示例）

起始日期：2024 年 8 月 1 日　　　　终止日期：2024 年 9 月 30 日　　　　单位：元

供应商编码	供应商名称	期初应付款	本期承付应付款	本期已付应付款	其中的现金折扣	期末结存应付款
GY001	×××	−195707.92	−66909.00	34086.00	0.00	−228530.92
GY002	×××	−175500.00	0.00	0.00	0.00	−175500.00
GY003	×××	0.00	−111839.00	0.00	0.00	−111839.00
GY004	×××	−75000.00	0.00	0.00	0.00	−75000.00
GY005	×××	−47340.00	0.00	0.00	0.00	−47340.00
GY006	×××	−31000.00	0.00	0.00	0.00	−31000.00
GY007	×××	−30800.00	0.00	0.00	0.00	−30800.00
GY008	×××	0.00	−27594.00	0.00	0.00	−27594.00
GY009	×××	−20300.00	0.00	0.00	0.00	−20300.00
GY010	×××	−100000.00	0.00	100000.00	0.00	0.00
GY011	×××	0.00	−181860.00	181860.00	0.00	0.00
GY012	×××	0.00	−17100.00	17100.00	0.00	0.00
GY013	×××	16751.20	−16751.20	0.00	0.00	0.00
合计		−658896.72	−422053.20	333046.00	0	−747903.92

（2）应付账款账龄分析

财务人员每月对应付账款进行账龄分析，有利于合理安排供应商排款计划。一个正常的企业，如果都按采购合同的信用期限付款，则不会存在异常。对于少量账龄较长的应付账款，确实无法支付的，应转入营业外收入。如果企业应付账款的账龄都很长，但企业却经营正常，那么就有税务风险了，应检查是否有虚开发票入账或资金链等问题。表6-26为应付账款期限分析表。

表6-26　应付账款期限分析表

编制单位：××公司　　　　　　　　　年　月　日　　　　　　　　单位：元（旬表）

账龄	A公司			B公司			C公司			合计	
	金额	比重%	备注	金额	比重%	备注	金额	比重%	备注	金额	比重%
折扣期内											
过折扣期但未到期											
过期1~30天											
过期31~60天											
过期61~90天											
过期91~180天											
过期181天以上											
合计											

企业应合理安排资金支付，以免逾期带来纠纷。对账龄较长和单笔单个供应商的大额账款应单独分析，从而发现履约中存在的问题（同一个供应商可能涉及不同合同，有时需要进行应付、预付重分类）。从项目核算维度来看，通过分析同一项目应收账款和应付账款的金额、占合同比例及项目结算和收款等情况，可以检查合同中的付款条款是否合理，是否符合企业流动性需要。通过应付账款余额和发生额，可以看出企业采购或分包等业务情况。如果某几个供应商占比较大，说明企业采购集中度较高，供应商行业支配地位及市场占有率较高，企业议价能力较弱。

6.7.1.3　其他应付款明细及账龄明细表（月报）

其他应付款是指与企业主营业务没有直接关系的应付、暂收款项，如应付租入固定资产和包装物的租金、存入保证金、应付统筹退休金、职工未按期领取的工资等。表6-27为其他应付款明细及账龄分析表。

表 6-27 其他应付款明细及账龄分析表

公司名称：　　　　　　　　　　　　　年　月　日　　　　　　　　　　　　单位：元

对方名称	期末余额	账龄							
		1 年以内		1~2 年		2~3 年		3 年以上	
		金额	比例	金额	比例	金额	比例	金额	比例
一、外部单位及个人									
二、集团内部单位									
三、其他									
合计									

　　说明：往来款项的账龄分析仅针对集团外单位。集团内单位的往来款项不进行账龄分析，只填写明细余额即可。

6.7.1.4 预收、预付账款明细表（月报）

　　预收账款是指企业向购货方预收的购货订金或部分货款。预付账款是指企业按照购货合同的规定，预先以货币资金或货币等价物支付给供应单位的款项。预收、预付账款明细表如表 6-28 所示。

表 6-28 预收、预付账款明细表

公司名称：　　　　　　　　　　　　　年　月　日　　　　　　　　　　　　单位：元

预收账款		预付账款	
名称	金额	名称	金额
合计		合计	

6.7.2 资金报表

资金报表主要包括短期借款、长期借款明细表（月报），实收资本明细表（月报），资金周报表（周报），收支月报表（月报）等。

6.7.2.1 短期借款、长期借款明细表（月报）

（1）长期借款明细表

长期借款是指企业从银行或其他金融机构借入的期限在一年以上（不含一年）的款项。长期借款按银行或金融机构设立明细账。企业应在月末编制长期借款明细表，如表6-29所示。

表6-29　长期借款明细表

编制单位：××企业　　　　　　　　　　　年　月　日　　　　　　　　　　单位：元（年表）

借款单位	金额				利率%	借入时间	期限	还本付息方式	下年应还金额
	年初数		年末数						
	本金	利息	本金	利息					
A银行									
B银行									
C银行									
合计									

（2）短期借款明细表

短期借款是指企业为维持正常的生产经营或为抵偿某项债务而向银行或其他金融机构借入的、还款期限在一年以下（含一年）的款项。短期借款主要有经营周转借款、临时借款、结算借款、票据贴现借款、卖方信贷、预购定金借款和专项储备借款等。企业应该按债权人设置明细账，并于月底编制短期借款明细表，如表6-30所示。

表6-30　短期借款明细表

编制单位：××企业　　　　　　　　　　　年　月　日　　　　　　　　　　单位：元

贷款银行	贷款种类	借入时间	金额				利率%	已用额度	可用额度	期限	还款方式	备注
			年初数		年末数							
			本金	利息	本金	利息						

6.7.2.2　实收资本明细表

实收资本是指投资者作为资本投入企业的各种财产，是企业注册登记的法定资本总额的来源，表明了所有者在企业的基本产权关系。实收资本的构成比例是企业向投资者分配利润或股利的主要依据。除国家另有规定外，企业的实收资本应当与注册资本一致。企业实收资本比原注册资本数额增减超过 20% 时，应持资金使用证明或验资证明，向原登记主管机关申请变更登记。表 6-31 为实收资本明细表。

表 6-31　实收资本明细表

公司名称：　　　　　　　　　　年　月　日　　　　　　　　　　单位：元

投资方	投资金额	所占资本比率
合计		

6.7.2.3　资金周报表（周报）

货币资金周报表是以每笔资金实际收付为序录入按周报告的资金管理文件中，由出纳每周填报，如表 6-32、表 6-33 所示。

表 6-32　货币资金周报表

编制单位：××公司　　　日期：　年　月　日至　年　月　日　　　　单位：元

星期	现金				银行存款				合计			
	上周余额				上周余额				上周余额			
	收入金额	支出金额	余额		收入金额	支出金额	余额		收入金额	支出金额	余额	
星期一												
星期二												
星期三												
星期四												
星期五												
星期六												
星期日												
合计												

表6-33　大额收支说明

序号	收入项目	收入金额	支出项目	支出金额

说明：大额收支指10万元（含）以上的款项。

6.7.2.4　收支月报表（月报）

收支月报表清晰地反映了企业本月各项目的收入与支出情况，如表6-34所示。

表6-34　收支月报表（月报）

公司名称：　　　　　　　　　年　月　日　　　　　　　　单位：元

上月结存：

本月收入			本月支出		
序号	项目	金额	序号	项目	金额
	合计			合计	

本月余额：＿＿＿＿＿＿＿＿＿＿

6.7.3　资产报表

资产报表包括短期投资明细表（月报），长期投资明细表（月报），固定资产明细表

（月报），及无形资产、长期待摊费用明细表（月报）。这些报表的编制比较简单，在此就不多述了，具体形式分别见表 6-35～表 6-38。

表 6-35 短期投资明细表

公司名称： 年 月 日 单位：元

项目	期初数	本期增加	本期减少	期末数
一、股权投资合计				
其中：股票投资				
二、债券投资合计				
其中：国债投资				
其他债券				
三、其他投资				
合计				

表 6-36 长期投资明细表

公司名称： 年 月 日 单位：元

项目	所持股份比例	期末余额	其中			
			投资成本	股权投资差额	损益调整	股权投资准备
一、长期股权投资合计						
其中：对子公司投资						
对其他公司投资						
二、长期债权投资合计						
其中：长期债券投资						
其他长期债权投资						
合计						

表 6-37　固定资产明细表

公司名称：　　　　　　　　　　　　　　　年　月　日　　　　　　　　　　　　单位：元

资产名称	使用日期	使用年限	原值	月折旧	以前年度累计折旧	本年前期已提折旧	本月计提折旧	期末净值	资产使用情况			情况说明
									在用	闲置	待报废	

表 6-38　无形资产、长期待摊费用明细表

公司名称：　　　　　　　　　　　　　　　年　月　日　　　　　　　　　　　　单位：元

无形资产		长期待摊费用	
名称	金额	名称	金额
合计			

6.7.4　营运报表

营运报表包括收入结构明细表（月报）、投资收益明细表、费用结构明细表（月报）、高级管理人员费用明细表（月报）。这些报表的编制比较简单，在此就不多述了，详见表 6-39～表 6-42。

表 6-39　收入结构明细表

公司名称：　　　　　　　　　　　　年　月　日　　　　　　　　　　单位：元

项目	本月数	本年累计数	本年累计占总收入比率
一、主营业务收入			
二、其他业务收入			
三、投资收益			
四、营业外收入			
五、以前年度损益调整			
合计			

表 6-40　投资收益明细表

公司名称：　　　　　　　　　　　　年　月　日　　　　　　　　　　单位：元

项目	本月数	本年累计数
一、短期投资收益		
二、长期股权投资收益		
其中：对子公司投资收益		
对其他公司投资收益		
三、长期债权投资收益		
合计		

说明：短期投资只有在处置时才确认投资收益。

表 6-41　费用结构明细表

公司名称：　　　　　　　　　　　　　年　月　日　　　　　　　　　　　单位：元

项目	本月数	本年累计数	本年累计占总收入比率
一、销售费用			
二、管理费用			
三、财务费用			
合计			

表 6-42　高级管理人员费用明细表

公司名称：　　　　　　　　　　　　　年　月　日　　　　　　　　　　　单位：元

姓名		差旅费	交通费	交际应酬费	汽油费	通信费	修车费	其他	合计
	本月								
	累计								
	本月								
	累计								
	本月								
	累计								
	本月								
	累计								
	本月								
	累计								
	本月								
	累计								
	本月								
	累计								
合计	本月								
	累计								

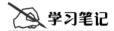 **学习笔记**

请对本章的学习做一个小结，将你认为的重点事项和不懂事项分别列出来，以便于自己进一步学习与提升。

本章重点事项
1._____
2._____
3._____
4._____
5._____

本章不懂事项
1._____
2._____
3._____
4._____
5._____

个人心得
1._____
2._____
3._____
4._____
5._____